教 育 硕 士 示 范 性 教 材 丛 书

本书系下列三个项目成果：

教育部专业综合改革试点项目（经济学）（项目主持人：王春超）

广东教育科学规划项目"现代职业教育体系构建的推进路径及实施策略研究"
（项目编号：2022JKZG085，项目主持人：林素絮）

广东省联合培养研究生示范基地建设项目"广东技术师范大学—广东省贸易职
业技术学校"（项目主持人：林欣）

# 职业生涯规划与创业教育

※

| 主　编 | 林素絮 | 林　欣 | 劳业辉 |
| --- | --- | --- | --- |
| 副主编 | 李伟成 | 毛学群 | 许作舟 |
| 参　编 | 余世明 | 柯　畅 | 黄少雁 |
| | 陈忠扬 | 黄　萍 | 张敏怡 |

WUHAN UNIVERSITY PRESS

武汉大学出版社

**图书在版编目(CIP)数据**

职业生涯规划与创业教育/林素絮,林欣,劳业辉主编.—武汉:武汉大学出版社,2022.12
教育硕士示范性教材丛书
ISBN 978-7-307-23372-0

Ⅰ.职…　Ⅱ.①林…　②林…　③劳…　Ⅲ.①职业选择—研究生—教材　②创造教育—研究生—教材　Ⅳ.G647.38

中国版本图书馆 CIP 数据核字(2022)第 190088 号

责任编辑:杨　欢　　　责任校对:李孟潇　　　版式设计:马　佳

出版发行:**武汉大学出版社**　(430072　武昌　珞珈山)
　　　　　　(电子邮箱:cbs22@whu.edu.cn　网址:www.wdp.com.cn)
印刷:武汉邮科印务有限公司
开本:720×1000　1/16　印张:14.25　字数:229 千字　插页:1
版次:2022 年 12 月第 1 版　　2022 年 12 月第 1 次印刷
ISBN 978-7-307-23372-0　　定价:68.00 元

# 前　言

随着改革开放的深入，我国的产业结构逐渐从第一产业向第二、第三产业转型升级，社会上对劳动人才提出了不同以往的、更高的要求。在此基础上，学生也应该顺应时代发展，为自己设立更高的目标，以期毕业后实现自身价值。然而顺利实现自身价值的前提是硕士研究生要对自己的职业生涯有一定的规划，明确自己的就业目标，但目前许多学生仍然对未来感到迷茫。本书重点阐述了学生该如何更好地认识自己，更好地做好职业生涯规划，使自己有能力进行就业择业。

在这个经济飞速发展的时代，提高学生的专业技能、就业能力显得尤为重要。本书着眼于学生向社会人转变的现实，重点阐述了职业生涯规划的重要意义以及与学生创业相关的事项，目的是希望学生能够全面认识自己，清楚自己未来的职业目标并在读研期间为之付出努力，以期毕业后能够更好地适应社会，顺利就业，实现自身价值。因此，职业生涯规划教育首先要让学生有对自我的认知，在明确了自己的目标后对职业生涯进行整体的规划设计，部分学生会有创业的念头，可以鼓励学生抓住机会进行创新创业。

基于当代学生所面临的实际困难以及目前社会上的就业形势，本书从职业生涯规划的各个方面进行分析，结合现实生活中的案例，引导学生对职业生涯规划形成基础的认识，推动学生未来就业的进程，使其为每个阶段做好准备。

本书的第一章至第四章，侧重于学生的自我认知及职业生涯规划书的制定；第五章至第十章，则围绕着与学生创业相关的事项展开。

第一章是职业生涯规划概述。通过对职业生涯规划的起源、定义、现状和理论基础等方面的介绍，说明职业生涯规划对学生而言有重要的指导作用。

第二章是认识自我与探索职业。清晰的自我认知是进行职业探索的前提。学生首先应该对自己有全面客观的认识，才能在此基础上探索适合自己的职业岗位。

第三章是职业定位与职业生涯规划书的制订。在明确了自己所想要从事的职业后，学生应该制订一份职业生涯规划书，尤其是要注意到前期就业时可能遇到的问题以及可以采取的解决方案，对自己的就业有短期规划和长远目标。

第四章是职业生涯规划的阶段管理。这一部分包括求职阶段、职业的适应阶段和上升阶段的管理。这三个阶段是每个人就业时都必须经历的，无论处于哪一阶段，遇到困难时都应该保持良好的心态，沉着应对。

第五章是创业与职业生涯发展。随着时代的进步，社会提供给学生施展才华的空间越来越广，部分学生能够抓住其中的机遇，走上创业之路。创业应事先做好准备，创业风险的防范更是不容忽视。

第六章是创新、创业精神与人生发展。创业者除了要有全面扎实的专业基础知识和迎难而上的创业精神，同时还要具备创新精神。创新是一个企业发展壮大的不竭动力，只有创新，抓住市场上的缺口，企业才有可能在激烈的市场竞争中存活下来。

第七章是商业模式选择。现今市场上多样的创业模式，为学生提供了广阔的空间，学生可以根据创业企业的特色选择符合自身发展的创业模式，进而发展壮大自己的企业。

第八章是创业团队建设。优秀的创业团队是企业发展的前提，其决定了企业文化与企业的发展方向。成员间的核心思想应该趋向一致，对企业事务可以有不同的看法，但最终整个团队的价值观念应该保持统一。

第九章是创业项目筹划。进行创业筹划需要先了解、识别创业机会，要有相应的能力对创业项目进行运作和管理。在创业的过程中，创业资金和资源会对企业的发展产生重要影响。

第十章是创业计划书。创业计划书的内容涉及各方面，包括企业简介、产品（服务）介绍、营销策略、财务规划、风险评估等内容。一份优秀的创业计划书能够吸引投资人，使创业者将创业梦想落实，因此它在创业过程中具有重要地位。

C O N T E N T S 目 录

# 第一章　职业生涯规划概述

## 第一节　职业生涯规划的起源和定义

### 一、职业生涯规划的起源和发展

#### （一）职业生涯规划的起源

在 19 世纪 70 年代第二次工业革命的推动下，科学技术的发展突飞猛进，各种新技术、新发明层出不穷，并被迅速应用于工业生产，极大地促进了经济的发展。新能源的大规模应用，如电力、煤炭等，直接推动了重工业的大踏步前进，使大型的工厂能够方便快捷地获得持续有效的廉价动力供应，进而使大规模的工业生产成为可能；而内燃机的发明解决了长期困扰人类的动力不足的问题，同时促进了发动机的出现，发动机的发明又解决了交通工具的问题，推动了汽车、远洋轮船和飞机的迅速发展，使人类的足迹遍布全世界，也让各个地区的文化和贸易交流更加便利。因此，机器化生产越来越多地代替了原来的手工劳动，使得社会分工和职业种类的变化越来越快。但许多人不能适应这种发展变化的需要，自此，最初的职业指导和职业教育在美国应运而生。

1908 年，美国波士顿大学的帕森斯教授发现青年人离校后失业，并不是因为他们没有能力，而是缺少机遇，于是帕森斯创办了波士顿职业指导局，跨出了使职业规划活动系统化的重要一步。帕森斯不仅亲自参与了大量针对青年的职业规划实践活动，还设计了许多帮助青少年了解自己、了解工作环境和性质的方法，问卷调查法就是其中之一。1909 年，帕森斯的《选择职业》一书出版，该书首次系统阐述了科学的职业选择理论，即特质因素理论，通俗地讲就是人职匹配理论。该理论告诉我们，每个人都有自己独特的人格模式，每种人格模式都有与其相适应的职业类型，职业指导师通过对求职者特性的测评，在进行深入的了解与掌握后，帮助求职者进行比较分析，从而使其能够更快地发现适合自己的职业并在该职业领域取得成功。这个理论对今天的就业指导和职业规划仍具有现实的指导意义。也正是由于帕森斯极富创意的工作及其所产生的深远影响，他被后人尊称为"职业规划之父"。

1910 年在波士顿召开了美国第一次全国职业咨询大会。与此同时，美国教育协会和美国中学校长协会等组织也开始大力推行职业咨询。1918 年，美国教育协会起草了一份报告，提出职业咨询应作为美国中等教育的组成部分，从而确定了职业咨询在中学教育中的地位。在美国的教育历史上，曾两次专门以政府法案的形式进行了职业生涯教育改革，对美国的教育产生了重大影响，它们分别是20 世纪 70 年代的《生计教育法案》以及 90 年代的《学校-就业法案》。

我国自 1999 年实行高校扩招以来，大学毕业生的数量大幅度增长，而高等教育也从精英教育向大众教育进行转变，随之而来的是大量大学生的就业问题，在此背景下产生了就业指导和职业规划。就业指导和职业规划发展至今已有二十多年，而职业发展趋势也发生了很大的变化，对今天的学生而言，更有必要进行职业生涯规划。那么首先要了解什么是职业，什么是职业生涯规划，其次要进行性格与职业之间的测评，最后再来了解职业的发展趋势。

（二）职业生涯规划的发展

随着社会的快速发展，社会分工越来越细致，新的职业不断涌现，如首席信息主管、猎头、形象设计师、出国顾问、职业指导师等。未来新的职业所要求的知识含量、技术含量只会越来越高，不仅是信息产业、咨询服务业的新职业，如大数据分析师、计算机系统分析师、投资咨询师等，对从业者的教育背景、知识技能的要求更上一层次，而且就连那些所谓的"灰领"职业，也要求从业者具有良好的专业知识与实际操作技能。很多职业随着社会化、科学化进程推进在要求上有了新的变化。比如某些职业由于机械化发展，企业逐渐采用机器人作业而不用普通员工。又如老师这个职业，在以前要求有良好的口语表达能力和课堂组织能力，还要求能进行层次分明、条理清晰的板书。然而发展至今，老师不仅要具备以上能力，还要熟练使用计算机和多媒体，掌握制作教学课件的技能。

目前，许多高校在进行学生职业生涯规划教育工作的过程中，只是将互联网平台作为信息传播工具。在如今"互联网+"的背景下，具备一定条件的高校，可以为学生创设数字化与个性化的学习环境，帮助学生树立终身学习理念，并开展协作学习活动，持续提高学生的学习效果。面对大众创业与万众创新的社会环境，在进行创业教育工作的过程中，倘若只是开展理论教学活动，就会影响学生的创业兴趣，不仅不能够充分释放出学生的热情，更不可能把学生自身的聪明才智运用起来。对学生而言，倘若独立进行创业实践活动，需要承受巨大的财力、物力与人力资源的压力，一旦创业失败，学生可能会产生严重的挫败心理。面对该情况，可以利用网络系统在虚拟的环境中帮助学生进行相关创业实践活动，使其深入了解并掌握创业知识内容。

## 二、职业生涯规划的定义

### （一）职业的内涵与特征

1. 职业的内涵

职业，即个人所从事的服务于社会并作为主要生活来源的工作。根据中国职业规划师协会的定义：职业＝职能×行业。但是不同的学者有不同的看法，下面详细介绍几种观点：

美国社会学家泰勒在其名著《职业社会学》一书中，指出："职业的社会学概念，可以解释为一套成为模式的、与特殊工作经验有关的人群关系。这种成为模式的工作关系的整合，促进了职业结构的发展和职业意识形态的显现。"美国社会学家塞尔兹认为，职业是一个人为了不断取得个人收入而连续从事的具有市场价值的特殊活动，这种活动决定着从业者的社会地位。塞尔兹还指出，构成职业范畴的三要件是技术性、经济性和社会性。美国著名教育家、实用主义哲学家杜威认为，职业是人们"从中可以得到利益的一种生活活动"。

日本社会学家尾高邦雄认为，职业是某种一定的社会分工或社会角色的持续的实现，因此，职业包括工作、工作的场所和地位。他指出，职业是社会与个人或者整体与个人的结合点。通过这一点的动态相关，形成了人类社会共同生活的基本结构；整体靠个体通过职业活动来实现，个体则通过职业活动对整体的存在和发展做出贡献。日本劳动问题专家保谷六郎认为，职业是有劳动能力的人为了生活所得而发挥个人能力，向社会做贡献的连续活动。他对职业的特性分析大于塞尔兹的要件分析，他认为职业特性有五点：第一，经济性，即从中取得收入；第二，技术性，即可发挥个人才能和专长；第三，社会性，即要承担社会的生产任务（社会分工），履行公民义务；第四，伦理性，即符合社会需要，为社会提供有用的服务；第五，连续性，即所从事的劳动相对稳定，是非中断的。

杨河清认为，所谓职业是指人们从事的相对稳定的、有收入的、专门类别的工作。潘锦棠对职业作出如下定义：职业是劳动者能够稳定从事的有酬工作，是劳动者足够稳定地从事某项有酬工作而获得的劳动角色。刘艾玉认为，"职业是劳动者为了生活所得而发挥个人能力，在社会分工体系中从事的相对稳定的、有报酬的、专门类别的工作以及由此获得的一种特定的劳动角色"。程社明把职业定义为"参与社会分工，利用专门知识、技能为社会创造物质财富、精神财富，获取合理报酬作为物质生活来源，并满足精神需求的工作"。他强调职业中个人与社会、知识技能与创造、创造与报酬、工作与生活的关系。

通过职业的发展历史，我们可以看出，职业并不是在人类社会开始就存在的，而是随着生产力水平的提高，社会发展到一定阶段才产生的。职业的产生是与分工密切相关的，其关键是一些劳动行为固定下来，由固定的劳动者去完成。同时，劳动的目的不是为了自己的使用而是生产产品，劳动者所需要的产品也由其他人来提供，这个过程是通过交换来实现的。这是职业区别于其他劳动的一个重要特点。此外，随着分工的发展，劳动不仅仅是局限于生产领域的物质生产劳动，分工也不仅仅是局限于物质生产领域内部的生产分工，也包括公共管理职能、精神文化、科学教育、社会服务等非物质生产领域的劳动与分工。基于上述分析，并综合各位学者的研究成果，本书将职业定义为：职业是劳动者从事的有报酬的固定的社会分工。

2. 职业的特征

（1）职业的社会属性。

职业是人类在劳动过程中的分工现象，它体现的是劳动力与劳动资料之间的结合关系，其实也体现出劳动者之间的关系，劳动产品的交换体现的是不同职业之间的劳动交换关系。这种劳动过程中结成的人与人的关系无疑是社会性的，他们之间的劳动交换反映的是不同职业之间的等价关系，这反映了职业劳动成果的社会属性。

（2）职业的规范性。

职业的规范性应该包含两层含义：一是指职业内部操作要求的规范性，二是指职业道德的规范性。不同的职业在其劳动过程中都有一定的操作规范性，这是保证职业活动的专业性要求。当不同职业在对外展现其服务时，还存在一个伦理范畴的规范性要求，即职业道德。

（3）职业的功利性。

职业的功利性也叫职业的经济性，是指职业作为人们赖以谋生的手段所具有的逐利性一面。职业活动既满足职业者自己的需要，同时也满足社会的需要，只有把职业的个人功利性与社会功利性结合起来，职业活动及职业生涯才具有生命力和意义。

（4）职业的技术性和时代性。

职业的技术性指不同的职业具有不同的技术要求，每一种职业往往都表现出一定相应的技术要求。职业的时代性指职业由于科学技术的变化，人们生活方式、习惯等因素的变化导致职业打上那个时代的"烙印"。

（二）职业生涯规划的内涵与特征

1. 职业生涯规划的内涵

职业生涯规划（career planning）简称生涯规划，又叫生涯设计，是指个人与组织相结合，在对个人职业生涯的主客观条件进行测定、分析、总结的基础上，对自己的兴趣、爱好、能力、特点进行综合分析与权衡，结合时代特点，根据自己的职业倾向，确定最佳的职业奋斗目标，并为实现这一目标做出行之有效的安排。生涯设计的目的绝不仅仅是帮助个人按照自己的资历条件找到一份合适的工作，达到与实现个人目标，更重要的是帮助个人真正了解自己，为自己定下事业大计，筹划未来，根据主客观条件设计出合理且可行的职业生涯发展方向。

2. 职业生涯规划的特征

（1）可行性。

职业生涯规划必须依据个人实际情况及其所处环境的现实来制订，而不仅仅是一份空洞的计划、一些不着边际的幻想，而是必须具有可行性。

（2）适时性（阶段性）。

职业生涯规划是对未来的职业生涯目标和未来职业行动的预测。因此，各项活动的实施及完成时间，都应该有时间和顺序上的安排，并以此作为检查行动的依据。

（3）灵活性。

规划未来的职业生涯目标与行动，涉及很多不确定因素，因此，规划应有弹性。随着外界环境和自身条件的变化，个人应及时调整自己的职业生涯规划方案，以增加其适应性。

（4）持续性（发展性）。

职业生涯目标是人生追求的重要目标，职业生涯规划应贯穿人生发展的每个阶段，通过不断的调整和持续的职业活动安排，使人最终实现职业生涯目标。

（5）独特性（差异性）。

每个人都是社会上独立的个体，都有独特的个性和不同的能力水平。职业生涯规划是我们基于自身的条件而制订的，因此千万不要跟风随大流，要适应自己的个性和水平。

（6）社会性。

在做职业生涯规划的时候，一定要考虑社会条件。时代在不断地发展变化，出现了很多新兴的职业，对求职者也提出了不同的要求，所以我们在设计自己的职业生涯规划时，一定要分析社会需求，择世所需。

# 第二节　职业生涯规划的现状和问题

## 一、职业生涯规划的现状

### （一）学生课程教育领域

1. 学生对职业生涯规划的重视程度不高

虽然大部分学生初步了解职业生涯规划的内容，但是很少有学生能做到真正去制订计划并按照计划一步步实施，究其根源主要有两方面原因。就客观方面而言，学校所供给的人力、物力和财力可能无法覆盖全部学生，没有营造出重视职业生涯规划的氛围。但更为重要的原因来自学生自身，一些学生对职业生涯规划的重视程度不够，动机不强，执行力不够，同时还有部分学生出于逃避心理、享乐主义思想，对于未来感到迷茫、未知、有压力，拒绝思考自己未来的职业规划，只想享受当下的轻松生活。

2. 课程设置单一化，缺少后期跟踪指导

职业生涯规划课程的开设，可以使学生学到许多在其他专业课程中学不到的内容，进一步提高实践能力。但是，目前缺乏对学生的个性化及后期跟踪指导，而且学生在实际操作中遇到的问题没有得到及时的指导和解决，以至于最终并没有实现职业生涯规划的目标。所以，学生表示在从课程中获得收获的前提下，还希望在职业生涯规划过程中，有专业教师的个性化指导和跟踪指导。

### （二）求职市场领域

1. 由传统型向信息化、智能型转化

传统工艺在科技含量上相对滞后，在技术更新速度方面比较缓慢，有时跟不上时代前进的步伐。生产力发展的关键之一是增加职业岗位科技含量，改善劳动组织和生产手段，提高劳动生产率。能熟练应用信息管理方法的智能型操作人员，是今后职业岗位更新、工作内容更新需要的新型人才。

2. 由单一型向跨专业、复合型转化

从目前招工、就业的情况分析，职业岗位的要求和劳动方式逐步由简单向复杂方面转化，过去凭借单一技能就能胜任工作，但现在职业内涵发展扩大了，往往需要多种相关专业的知识技能，更需要跨专业的复合型人才。

**3. 由封闭型向开放型转化**

随着改革开放的深入，职业岗位的工作范围和面向的服务对象越来越广泛，接受信息的渠道也必然加大，人们相互之间的交往和协作程度大大加强，所以要求人们具有开放的观念和心胸，彻底摆脱封闭的状态。

**4. 由继承型向创新型转化**

知识经济时代的到来，要求社会成员必须不断树立创新意识，在自己的职业岗位上进行创造性劳动。社会发展变化迅速，完全以继承的方式获得劳动技能和方法是极为落后的。国家的知识创新工程，能将科技成果迅速转化成生产力，劳动效率的迅速提高改变着现有职业岗位的职业特点。今后，只有创造型人才才能更好地胜任岗位职责。

**5. 第三产业、社会服务业发展壮大**

社会生产力的提高，解放了劳动力，第三产业的劳动人数将迅速增加，与信息传播和管理行业相关的各种职业，文化教育、休闲、娱乐、保健等行业以及提供各种各样服务项目的社区服务业等，将迅速发展壮大，不仅会产生大量职业，而且是吸纳社会劳动力的主要渠道。

## 二、职业生涯规划的问题

### （一）学生职业规划

**1. 对职业生涯规划的重要性认识不足**

随着就业压力的增加，学生对与就业密切相关的职业生涯规划逐步重视起来。但调查显示很多学生渴望获得职业生涯规划教育的主要目的是为了学习就业技巧，帮助自己顺利就业，并没有充分认识到职业生涯规划对促进人职匹配、人的全面发展和引导职业生涯成功发展的真正意义。

**2. 缺乏明确的学习目标**

许多学生在进入高校后会产生茫然感、不安全感，多数学生对自身的生涯没有做过多过细的规划，自身定位不清晰，也没有为自己确立合理目标。他们在面对众多选择，必须由自己来做决定时不知所措，结果不是被动地等待，就是随波逐流。由于生涯目标意识淡薄导致学习目标难以确立，面对浩瀚若烟海的知识领域，哪些需要获取？哪些需要保存？怎样积累才能方便以后更好地使用？凡此种种茫然不知。结果两三年下来，仍不知自己做了什么、能做什么、适合做什么的大有人在。

### 3. 自我认知不准确

客观、全面地进行自我评价是对自己的兴趣爱好、能力素质、自身的优劣势等的认知，是进行职业生涯规划的前提。对自己缺少科学分析，不能全面、准确地对自己进行评价和定位，导致部分学生不清楚"我想做什么"和"我能够做什么"。这就产生了两种极端认识：第一，过分肯定自己，只看到自己的优势，忽略自己的劣势，使自己陷入自负的境地；第二，过分否定自己，看不到自己的优势，让自己陷入自卑的低谷。这些现象都严重影响了学生的就业和自我发展。

### 4. 面对就业压力茫然无措

近年来，学生对严峻的就业形势有一定的认识，主动求职的意识逐渐树立，但毕业生存在盲目就业的现象。根据麦肯西发布的《2010年大学生就业报告》可见，已经就业的学生，就业质量并不高，学生对签约的满意度不到一半，在"对签约单位是否满意"这一项中，有18%的人选择"无所谓"，反映出学生就业选择的盲目性与对个人职业生涯没有进行良好规划的问题。另外，毕业生毁约现象仍然存在，而就业以后学生频繁跳槽现象也较常见。

### 5. "先就业，后择业"意识不强

为促进就业，特别是在就业形势不容乐观的市场环境下，我们常看到政府劳动保障部门提出"先就业，后择业"的口号，以促进就业，减少社会失业率。这口号看起来简单，做起来其实不容易。因为"先就业"就是力争人人有工作，营造充分就业的社会氛围，做到这一点并非易事。"后择业"就是在有工作的前提下"骑驴找马"，规划未来，寻觅更适合自身发展的位置，这样谈职业规划才有意义。脱离"就业"泛谈"择业"，莫过于无本之源，收不到预期效果。其实"先就业，后择业"是尊重市场规律的一种提法，是把市场动态状况与职业规划有机结合的概括性阐释。它告诉我们，在瞬息万变的劳动力市场中，不要抱着一

成不变的观念去求职，不要让凭空设想的职业规划固化思维。先就业才是最重要的，有了工作，有了经济基础，才有底气谈择业，谈职业规划，谈目标谈梦想谈未来。反之，"先择业，后就业"有悖于劳动力市场规律，导致不易择到理想职业，相反还会因为耗费大量时间精力"先择业"而白白错失了许多就业机会。没有就业而谈职业规划，如水中捞月，竹篮打水一场空，规划出来的结果令人质疑。

（二）求职市场取向

1. 职业规划与市场环境相脱节

每年的高考是一项重大事件，由此催生出不少职业预测、职业规划机构，帮考生选择专业，为家长提供未来职业预测。多年前，计算机属于热门专业，很多考生都报了这个专业，结果到毕业时才发现，市场对计算机专业人才需求锐减，人才过剩，学计算机专业的求职者不得不转向别的行业找工作。就业不久的职场新人好不容易熬到每年的辞职潮，二话不说便加入离职大军，还没找好下家就跳槽。殊不知外面风大雨大，市场冷酷无情，高端职位需求甚少，一时无处安身。他们碍于面子，低端岗位看不上，高端职位难落实，高不成低不就，最后落入候鸟一族，成了职场外的游离分子。职业规划只有随市场变化而变化，预测的结果才有参考价值。

2. 职业规划与市场变化不相适应

职场上常常遇到这种情形，职场人规划好职业前景，比如五年内从事何种工作，承担哪一职务，达到什么程度；十年内实现跨越，进入企业高层；二十年后基本实现既定目标等。职业规划看上去很美，现实情况如何？可以说达成目标的少之又少。有的人在同一单位工作不足三年，因觉得待遇不好或看不到发展前景而辞职，重新求职时发现原来所从事的岗位不好找，不得不转向别的行业。更有甚者，辞职后一时找不到合适工作，成了失业一族。五年职场规划都无法实现，何况十年二十年？职业规划是个动态指数，不是一成不变的，要随市场变化而变化。换言之，职业规划要从实际出发，既要顾及个体兴趣爱好，更要结合市场情况，尊重市场变化规律。不然，辛辛苦苦描绘出来的职业规划蓝图很可能成为一张空头支票，没有任何实际意义。

3. 职业规划受市场因素与个人志向的影响

每个人从走向职场的那天起，心中便有了一张职业规划蓝图，只不过这张蓝图初始时带有潜意识的朦胧状态，时隐时现，难以捉摸。受市场因素和个人志向影响，人生职业规划这张蓝图带有许多不确定性，而且这种不确定性几乎贯穿整个职业生涯，古今莫不如是。晋代的陶渊明，他当初的职业规划是先任祭酒，继任参军，再做县令，直到司马、都督，步步高升。然而，当陶渊明做到彭泽县令时，因看不惯朝廷腐败成风，任职不足三个月，便"不为五斗米折腰"而愤然辞官归里，过那"采菊东篱下，悠然见南山"的躬耕自资生活。现代文学巨匠鲁迅当初学医，以为从医能"匡正义，济沧桑"，但严酷的现实彻底改变了鲁迅的初衷，他意识到"救国救民需先救思想"，于是弃医从文，希望用文学改造"国民劣根性"。当代北大学子陆步轩和陈生，在校时他们对未来进行职业规划时哪会想到去当猪贩卖猪肉？然而，市场因素最终使他们不约而同成为有名的"猪肉佬"。可见，市场因素不仅左右着职业规划的走向，有时甚至起到决定性作用。

# 第三节　职业生涯规划的基本理论和影响因素

## 一、职业生涯规划的理论基础

### （一）霍兰德的职业理论

美国职业咨询专家约翰·霍兰德（John Holland）假设人的职业选择是其人格的反映。"职业选择反映了人的动机、知识、人格和能力。职业代表一种生活方式、生活环境，而不仅仅是一些工作职能和技巧。做一个木匠不只意味着要使用工具，也意味着特定的地位、社会角色和生活模式。"

霍兰德相信人们对职业抱有固定或刻板的印象，就像根据结交的朋友、衣着或行为表现来判断一个人。对于做各种职业的人的特征，会从日常生活中得出一些未必准确但很有用的判断，比如木匠手艺灵巧，律师能言善辩，演员擅长表演，店员善于沟通，会计计算精确，科学家不善社交，等等。研究发现这些对职业的成见有一定的准确性。

霍兰德假定大多数人可以归为 6 种人格类型之一：现实型、研究型、艺术型、社会型、企业型和常规型，如图 1-1 所示，可以把这些类型作为模型来衡量真实的人。现实型的人（机械工、农民等）一般喜欢这样一些活动：需要体力、需要运动协调、需要跟机器或工具之类的物品打交道。研究型的人（化学家、生物学家等）喜欢科学思考、解决问题和学术类活动。艺术型的人（音乐家、美术家）喜欢在自由、没有条条框框限制的环境下进行写作、音乐、戏剧、舞蹈之类的创作。社会型的人（社会工作者、教师等）愿意在教学、帮助他人的情境下与人接触。企业型的人（销售员、经理等）喜欢通过说服、控制他人来达成组织目标或获得利益。常规型的人（会计、办事员等）则喜欢那些要求系统有序地处理数据、材料的活动。

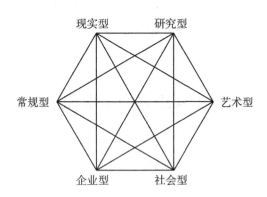

图 1-1　霍兰德的六角形模型人格类型

将个人特质与 6 种类型的特点比较，就可以看出自身与哪一种最相像。霍兰德建议按每一种类型相似的程度排出先后顺序。例如，首先是可能最像的现实型，其次是研究型，之后是其他，一直排列到最不相似的类型。霍兰德把这个排序称为人格模式。这 6 种类型有 720 种可能的排序方式，也就是说有 720 种人格模式，其中会有一种能最好地吻合自身。霍兰德设计了一个名为自我定向（Self-Directed Search）的问卷，用来测量个人与每种人格模式的相似度。

霍兰德也用与人格类型相同的名称给 6 种工作环境命名，每种工作环境都由相应人格类型的人主导。例如，在现实型环境中，大部分人会是现实型人格。其他 5 种类型同样如此。当个体寻找一个工作环境时，必定希望能在其中施展才能、展现价值，也能遵循公众认可的规则。如果不能进入最适合的工作环境，就会退而寻求次优的选择。

### (二) 舒伯的生涯发展理论

美国职业生涯规划师舒伯把他的理论描述为"一个不完整的理论：由一系列处理生涯发展不同方面的理论松散地结合成一体，取自发展心理学、差异心理学、社会心理学、人格心理学以及现象心理学，并通过自我概念和学习理论组织在一起"。舒伯理论观点的雏形形成于 20 世纪 30 年代末。而后，在演讲中，舒伯阐明了所有他认为组成一个完整的职业发展理论所应具有的因素，舒伯在 1953 年对此有更详细的阐述。继而，他提出了 10 个系列命题，后来，他又增加了 4 个命题，最终一共形成了 14 个命题。

舒伯把生活角色和生命阶段的概念融入一个相互影响的系统。这个系统以图画的形式表现为生命生涯彩虹，如图 1-2 所示。与年龄有关的五个生命阶段处于彩虹的边缘，舒伯把它们称作大循环（maxi cycles）。尽管它们是线性的，但却并不意味着每个人都是以相同的路径或相同的年龄经历这些阶段。由一个阶段转换到另一个阶段的过程中常常包括小的循环，也有可能在前进到另一个阶段之前退回到其他阶段。在每一个阶段中，都必须完成此阶段的发展任务以便能够进入下一个阶段。"成功地通过每一个发展阶段不仅能够使来访者有效地扮演作为学生、工作者或退休者的角色，还为发展过程中掌握下一个任务奠定了基础。"

在舒伯形成生涯发展理论的过程中，生涯成熟是一个重要概念。尽管对于生涯成熟的定义有许多不同的观点，但一个共识是认为这个术语表示从事自己认为的与自己的年龄和发展水平相适宜的发展任务的准备状态。无论如何，成熟不是已经达到的某种东西，而是个体在任何一个时间段里的目标。这一概念的简要陈述比起静止的、无法改变的生涯发展类型更能帮助我们推进生命全程观。后来，舒伯调整了他对生涯成熟的看法。他建议用生涯适应（career adapt-ability）来形容成年人。在他的生涯成熟的结构中有计划性（包括自主、自尊以及时间的观点）、探索、信息、决策以及现实取向。

除了生命阶段之外，在图 1-2 的生命生涯彩虹中也加入了生活角色。舒伯找

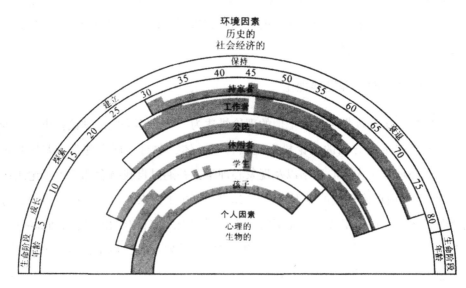

图 1-2　生命生涯彩虹：图解生活空间中的六个生活角色

出了个体在生命全程中要参与的六个生活角色，包括持家者、工作者、公民、休闲者、学生和孩子。个体常常在同一时期里身兼多重角色，角色所要付出的时间和努力会随着生命阶段和年龄的不同而有所变化。请注意生活角色是如何随着时间和生命全程中其他环境因素而变动的。舒伯用生命全程中每个角色上阴影的多少来描绘这个观点。

　　舒伯在理论建构上的工作非常坚实并持续了很长一段时间，但同时他也看到了将理论付诸实践的需要。他对于把他的理论概念用于生涯咨询相当感兴趣。以此为目标，他与他的许多同事们发展了生涯发展评估和咨询模型（C-DAC）。

## 二、职业生涯规划的影响因素

　　职业生涯规划并非空中楼阁，一个人生活的境遇对其所做的决定以及如何做决定都会产生影响，所以成长所处的社会、个人背景、家庭、同龄人以及自我感受等都会成为自己做出最后决定的影响因素。影响学生职业生涯规划的因素主要有社会因素、家庭因素、高校因素、个人因素。

## （一）社会因素

社会因素是指来自社会的影响学生职业生涯规划行为的因素的总称，如同辈人的影响、大众媒体、社会需求等因素。社会因素对学生的职业生涯规划具有显著的影响。个人对于社会挑战的认识越切合实际、应变能力越强，社会整体发展状况越向好，对影响社会职业岗位数量与结构的环境的认识越充分，目标行业发展前景越乐观，大众媒体对于职业信息的传递越恰当，与校外朋友就有关职业的正向交流越密切，对未来工作所处的地理位置越明确，就越有利于个人做出适合自身、切实可行的职业生涯规划。

## （二）家庭因素

家庭因素是指来自家庭的影响学生职业生涯规划行为的因素的总称，如父母亲的角色模型、家庭重视教育程度等因素。家庭因素对于学生的职业生涯规划产生的影响仅次于社会因素。在学生进行职业生涯规划所需考虑的因素中，家庭成员各方面的支持力度越大，家庭对个人行为越尊重、不对其进行过多干涉，个人选择和家庭的冲突程度越小，家庭关系越和谐，父母决策角色发挥的力度越小，家庭经济状况越好，越有利于学生更多地从切身实际出发，有针对性地设计适合自己的职业生涯规划。

## （三）高校因素

高校因素是指高校存在的对学生职业生涯规划行为产生影响的因素的总称，如高校对职业生涯规划教育的重视程度、职业指导师资、职业指导服务水平等因素。高校因素对于学生职业生涯规划的影响不容忽视。学校应对职业生涯规划给予足够重视，并在学校内开设有效的职业生涯规划课程，对学生进行系统的职业生涯规划辅导，引进评测系统帮助学生进行职业测评，使学生更加清晰地认知自我。同时，激励职业指导教师积极指导学生进行职业生涯规划，提高职业生涯规划讲座频率、扩大覆盖面，定期与家长进行有效沟通，从而使得学生的职业生涯规划有据可依，遇到的职业生涯规划困难能够得到有效解决。

### (四) 个人因素

个人因素是指学生自身所具有的影响职业生涯规划行为的因素的总称，如个人对职业生涯规划的重视程度、目标清晰度等因素。学生个人是职业生涯规划实施的主体，个人因素直接影响着职业生涯规划的效果。学生提高对职业生涯规划的重视程度和自我认知度，提升职业决策问题解决能力和职业认知度，增强对未来自身职业发展的信心，有利于其进一步做好职业生涯规划，为未来职业发展夯实基础。

学生的职业生涯规划受到社会、家庭、高校、个人因素的综合影响，是一项复杂的系统工程。要使学生做好职业生涯规划，需要切实构建社会、家庭、高校、个人积极协同的职业生涯规划优良生态环境，具体应包括社会保持向好发展态势、形成正确引导职业发展的氛围，家庭给予有力支持、发挥积极作用，高校重视职业生涯发展教育、促进学生全面发展，个人主动探索规划、努力做更好的自己。只有这四个方面汇集合力，才能有利于学生职业生涯规划落到实处，更好地促进学生健康成才。

【案例】

## 小李的职业发展困境

小李是个来自农村的孩子。当时家乡种地需要的暖棚材料价格高昂，父母觉得制造暖棚定能赚大钱，于是便萌生了让小李报考大学材料系的想法。孝顺的他遵从了父母的意愿，考入了某交大高分子材料系。

一向缺乏主见的他在本科期间双管齐下，获得了材料和计算机双学士文凭。由于成绩突出，小李顺理成章地踏上了学校为其铺就的光明大道，后来由于导师推荐改换专业方向，他辗转 6 年完成了博士学位。其间，兴趣的驱动让他考取了微软的计算机证书，他有过网站维护的兼职经历，但后来随着本专业课程的加重，他便无暇顾及计算机的学习。

毕业后，注重研究的科研机构他不愿意去，而想去的企业却需要应用型人才，他也想过靠计算机本科文凭求职，在喜欢的领域就业，但他读博期间就再也没有学习过计算机课程，早已生疏。相比计算机专业人才，他完全没有竞争优势，况且多年学成的博士专业完全放弃，也未免可惜。因此，他左右为难。

## ◎ 参考文献

[1] 杨建良．谈如何看待当前大学生职业生涯规划与发展趋势［J］．才智，2017（25）：19.

[2] 孙华，屈茹，张东，等．"互联网+"背景下的大学生职业生涯规划教育创新研究［J］．中外企业家，2020（11）：171.

[3] 吕梦醒，戴坤．高校大学生职业生涯规划教育研究［J］．中国大学生就业，2018（08）：55-59.

[4] 郭宇强．我国职业结构变迁研究［D］．北京：首都经济贸易大学，2007.

[5] 庄丽，程希羲，季小燕．大学生职业生涯发展规划书实操指导［M］．武汉：华中科技大学出版社，2018.

[6] 何秀玲，谢国富．价值共创视角下高校就业指导课程改革探索［J］．海峡科学，2019（12）：94-96.

[7] 谭炯添．浅谈市场因素对职业规划的影响［J］．人力资源管理，2013（12）：271-275.

[8] ［美］Robert D. Lock. 把握你的职业发展方向［M］．钟谷兰，等，译．北京：中国轻工业出版社，2006.

[9] 银锋，吴海燕．新时代背景下霍兰德职业规划理论的应用［J］．经济研究导刊，2019（33）：116-119.

[10] ［美］Norman C. Gysbers, Mary J. Heppner, Joseph A. Johnston. 职业生涯咨询——过程、技术及相关问题（第二版）［M］．侯志谨，译．北京：高等教育出版社，2007.

[11] 庞诗琪．舒伯生涯发展理论评析及其启示［J］．科教文汇（下旬刊），2018（11）：33-34.

[12] 肖强．大学生职业生涯规划影响因素研究——基于山东省大学生调查数据的分析 [J]．青岛科技大学学报（社会科学版），2020，36（01）：93-98.

[13] 陈晓雯．职业生涯规划在大学生就业指导工作中的作用解析 [J]．文化创新比较研究，2019，3（32）：101-102.

# 第二章 认识自我与探索职业

## 第一节 兴趣和职业

### 一、认识自我

#### (一) 人格与职业的关系

1. MBTI 职业性格测试

MBTI 职业性格测试是国际上流行的职业人格评估工具。MBTI 人格共有四个维度，每个维度有两个方向，共计八个方面，如表 2-1 所示。

那么，四个维度两两组合，共有十六种类型。将各个维度的字母进行组合，得到如下类型：

(1) ENFJ 型：外倾、直觉、情感、判断型——"公共关系专家"。

优势：能够促进和谐、建立合作关系；尊重各种不同意见；能够成为出色的公众演说家，促进群体讨论；果断而有条理；天生的领导者。

劣势：倾向于把人理想化，过快地做决定，不善于处理冲突、清除表面掩盖下的问题，可能过于个人化地对待批评，可能不注意实际的精确性。

表 2-1                                              **MBTI 人格理论特征**

| 维度 | 外向（E） | 感觉（S） | 思考（T） | 判断（J） |
|---|---|---|---|---|
| 特征 | 从人际交往中获得能量，喜欢外出，表情丰富，合群，喜欢行动，不怕打扰，喜欢自由沟通，易冲动、易后悔、易受他人影响 | 通过五官感受世界，注重真实的存在，喜欢用已经有的技能解决问题，重细节（少全面性），脚踏实地，能忍耐，喜欢做重复工作，不喜欢展望 | 擅长分析，坚信自己的观点是正确的，不考虑他人的意见，有正义感，不喜欢调和主义，讲规则，工作中极少表现出情感，也不喜欢他人感情用事 | 思维封闭定向，以时间为导向，坚持事情都有正误之分，喜欢命令、控制，反应迅速，喜欢完成任务，不善适应 |
| 维度 | 内向（I） | 直觉（N） | 情感（F） | 知觉（P） |
| 特征 | 喜静、多思（离群、与外界相互误解），谨慎、不露表情，独立、负责、细致、周到、不蛮干、不怕长时间做事，勤奋，怕打扰，先想然后讲 | 通过第六感洞察世界，注重应该如何做，喜欢学新技能、不重视准确性，喜欢抽象的理论，重视可能性，讨厌细节，好高骛远，喜欢新问题，凭爱好做事，对事情的态度易变，喜欢提新见解、仓促下结论 | 用个人化的、价值导向的方式做决策，考虑决策对他人的影响，宽容、喜欢调解，不按照逻辑思考，考虑环境，重视工作场景中的情感，希望从赞美中得到享受，也希望得到他人的赞美 | 喜欢探索和开放式的结局，好奇，喜欢收集新信息而不是做结论，喜欢观望，喜欢开始许多新的项目但不完成，优柔寡断，易分散注意力 |

（2）INFJ 型：内倾、直觉、情感、判断型——"促进积极变化的催化剂"。

优势：善于想出解决问题的替代性方法和创造性方法；能够理解复杂的概念；能促进人与人之间的和谐一致；是有说服力的领导，致力于实现所信仰的东西；乐于帮助他人发展。

劣势：可能不够灵活，思维单一，想法缺乏可行性；过分独立，可能过于追求尽善尽美；交流方式可能过于复杂，令他人不易理解。

（3）ENFP 型：外倾、直觉、情感、知觉型——"任何事都可能发生"。

优势：是富于创新的思考者、优秀的问题解决者，能够把他们的天赋与别人的兴趣和能力结合起来，能够在任何感兴趣的领域中成功，善于赋予合适的人以合适的位置或任务，能以有感染力的热忱激励他人。

劣势：可能不是很有条理或不善于分清主次顺序，在工作细节的完成上有一些困难，可能会感到厌倦并易于偏离正道，通常不喜欢任何重复或例行的事务，独自工作时往往效率较低。

（4）INFP 型：内倾、直觉、情感、知觉型——"外表淡漠而内心深沉"。

优势：乐于为他们认同的事业而工作；擅长独立工作，能与他们尊重的人保持频繁、有意义的支持性交流；忠于职守；做他们所信仰的工作会感到振奋；能够理解他人、与他人单独交流。

劣势：制订计划时可能不够实际；想控制工作事项，如果控制力丧失，他们可能会失去工作兴趣；如果工作没有向他们坚信的目标发展，他们可能会垂头丧气；可能无法灵活地对自己的想法做必要的改变；在竞争的环境中工作会有困难。

（5）ENTJ 型：外倾、直觉、思维、判断型——"美妙的一切——我负责掌管权力"。

优势：是有远见的领导者；在有机会晋升到最高职位的机构中能够出色地工作；雄心勃勃，工作勤奋，诚实直率；善于处理复杂、要求创造性的问题，能够做出合乎逻辑的决定；能够时刻牢记长期和短期目标。

劣势：爱发号施令，挑剔、严厉；工作至上而忽视生活的其他方面；可能因急于做出决定而忽视有关的事实和重要细节；可能不会对他人给予鼓励和赞扬；可能不要求或不允许别人提供建议和帮助。

（6）INTJ 型：内倾、直觉、思维、判断型——"能力+独立＝完美"。

优势：富于想象，善于创造体系；乐于迎接创造性的智力挑战；擅长理论和技术分析以及合乎逻辑地解决问题；可以单独做好工作，即使面对反对意见也能坚决果断；能够理解复杂且困难的事物。

劣势：在创造性的问题解决之后可能会对工作项目失去兴趣；督促他人工作就像督促自己一样严格；可能难以和能力不如自己的人共同工作；可能因过于独立而不能适应合作的环境；对于他人的想法可能不够包容，固执己见。

（7）ENTP 型：外倾、直觉、思维、知觉型——"生命的倡导者"。

优势：运用卓越的独创能力和现场发挥能力去解决问题；在连续的、充满刺激的工作中表现最出色；能成为充满趣味的、激励人心的公众演说家；擅长创新和客观公正地分析；自信，只要想做就能做到。

劣势：当创造性的问题解决后，便对项目失去兴趣；不愿做具体工作，不能持之以恒；不喜欢例行的、单调重复的工作，坚持以自己的方式行事；经常打断别人说话，可能会因过分自信而影响能力的发挥；可能会不可靠、不负责任。

（8）INTP 型：内倾、直觉、思维、知觉型——"有创造才能的问题解决者"。

优势：能够有远见地分析问题，具有创造性思想，喜欢能够学到新知识、掌握新技能的环境，能一个人工作且全神贯注，擅长长远考虑。

劣势：他们的某些观点可能不现实，他们的思想、观点对别人来说过于复杂、难以理解，可能因丧失兴趣而不能持之以恒，对琐碎的日常工作缺乏耐心，对别人的情感、批评和要求反应迟钝。

（9）ESTJ 型：外倾、感觉、思维、判断型——"关心你的事"。

优势：非常务实，对既定目标坚定不移；善于了解并重视集体的目标；是天生的组织者，擅长做出客观的决定；在推销或谈判时非常有说服力，坚持不懈；善于看到工作中不符合逻辑、不协调、不切实际和无效的部分。

劣势：对不遵守程序的人或不重视重要细节的人缺乏耐心；不能忍受没有效率的工作；追求目标时总想凌驾于别人之上；对当前不存在的可能性没有兴趣；不虚心听取反面意见，有时会粗暴无礼。

（10）ISTJ 型：内倾、感觉、思维、判断型——"从容地工作，并且做好"。

优势：所有工作都完成得准确细致；遵守既定的规则和程序；能够专心致志地工作，可以不需要别人的合作而独立工作；是组织忠诚的维护者、支持者；情绪稳定、可以依靠，能够将工作有始有终地坚持做完。

劣势：对于改变后的工作系统适应性较差；见到实际应用后的结果才肯接受新观点；不喜欢变化，有些僵硬、死板；不能理解与自己不同的要求；对自己及自己对组织的贡献认识不足。

（11）ESFJ 型：外倾、感觉、情感、判断型——"我能为你做些什么"。

优势：是良好的合作者，能够与别人建立友好和谐的关系；不论是工作还是其他活动，他们都愿意为团体尽自己的力量；工作勤奋，富有效率；认真、忠诚，乐于遵守各种规章制度；善于组织，能够记住并利用各种事实。

劣势：对批评过于敏感，在紧张的工作环境中容易感受到压力；没有得到表扬和欣赏时可能会感到失望；做决定过快，不考虑其他的选择；不能找到新的方法解决问题，固执己见。

（12）ISFJ型：内倾、感觉、情感、判断型——"我以名誉担保，履行我的义务"。

优势：工作热情，认真负责，十分努力；在有顺序要求、重复性的常规任务中表现出色；细致、全面、注重细节；喜欢为别人服务，支持同事、下属的工作；喜欢用常规方法做事，尊重有头衔的人。

劣势：低估自身价值；对自己的需求的判断不清晰；经常因兼职太多而超负荷工作；看不见未来后果的征兆，对突然的变化较难适应；如认为自己不被需要或不被欣赏，会感到灰心。

（13）ESTP型：外倾、感觉、思维、知觉型——"让我们忙起来"。

优势：观察力强，对于事实信息有出色的记忆力；能够看出什么是需要做的事情，对于完成事情所必需的事项持有现实的态度；乐于推销和洽谈；对于不同类型的人有很好的适应性；擅长创造性的工作，是天生的创业者。

劣势：不能看到行为的长期后果；对于他人的情感可能不敏感；对于规则和章程，很容易感到受约束，不能容忍行政性的细节和程序；在行动上，对于最后期限和日程表缺乏责任感。

（14）ISTP型：内倾、感觉、思维、知觉型——"尽我所有，做到最好"。

优势：会完成具体的任务和产品；能使杂乱的资料和难以分辨的材料有序化；通常喜欢手工活，能掌握工具的用法；通常喜欢一个人工作或者与自己尊重的人配合；能够有效区分和使用手头的资源。

劣势：缺乏语言交流的兴趣和能力，对抽象和复杂的理论很少有耐心，容易产生疲劳和厌倦感，对别人的需求和情感无动于衷。

（15）ESFP型：外倾、感觉、情感、知觉型——"不要焦虑，快乐起来"。

优势：现实、脚踏实地，有很强的判断力；喜欢积极地工作，适应性强；能够在工作中营造生动、愉悦的氛围；极为擅长面对面或电话交流；能调动用户和员工的情绪。

劣势：不善于提前计划和察觉行动征兆，易冲动、发脾气和焦躁不安，即使在很短的时间内独自工作都成问题，规范自己和别人时总不能达到要求，可能对不相关的事物和言外之意的悟性不够。

（16）ISFP 型：内倾、感觉、情感、知觉型——"这是有价值的思想"。

优势：喜欢亲自参与，尤其喜欢帮助他人的工作；喜欢变化并能很好地适应新环境；意识到工作重要时能努力工作；对组织忠诚，能愉快地接受领导的命令；在积极支持的气氛中成长。

劣势：不考虑隐含的意思和动机，轻易地接纳别人的行为；除非机会就在眼前，否则看不到机会；容易把批评和否定回答看得过重；不喜欢提前准备，在时间安排上有困难；对过多的规则和官僚体制不适应。

2. 人格与职业的关系

通过分析自身的人格类型，我们怎么找到合适的职业呢？以上十六种性格类型的人群有各自适合的职业类别，具体参见表 2-2：

表 2-2                        **MBTI 性格类型的职业倾向**

| ISTJ | ISFJ | INFJ | INTJ |
|---|---|---|---|
| • 天文学家 | • 内科医生 | • 特殊教育教师 | • 知识产权律师 |
| • 数据库管理人员 | • 营养师 | • 建筑设计师 | • 设计工程师 |
| • 会计 | • 室内装潢设计师 | • 职业咨询顾问 | • 精神分析师 |
| • 房地产经纪人 | • 客户服务专员 | • 心理咨询师 | • 心脏病专家 |
| • 侦探 | • 记账员 | • 网站编辑 | • 媒体策划 |
| • 行政管理人员 | • 特殊教育教师 | • 作家 | • 网络管理员 |
| • 信用分析师 | • 酒店管理人员 | • 仲裁人员 | • 建筑师 |
| ISTP | ISFP | INFP | INTP |
| • 计算机程序员 | • 按摩师 | • 心理学家 | • 软件设计师 |
| • 警察 | • 客户服务专员 | • 人力资源管理人员 | • 风险投资家 |
| • 软件开发员 | • 服装设计师 | • 翻译 | • 仲裁人员 |

| ISTP | ISFP | INFP | INTP |
|---|---|---|---|
| • 律师助理 | • 厨师 | • 社会工作者 | • 金融分析师 |
| • 消防员 | • 护士 | • 图书管理员 | • 音乐家 |
| • 侦探 | • 牙医 | • 服装设计师 | • 知识产权律师 |
| • 药剂师 | • 旅游管理人员 | • 编辑/网站设计师 | • 网站设计师 |
| **ESTP** | **ESFP** | **ENFP** | **ENTP** |
| • 企业家 | • 幼教老师 | • 管理咨询顾问 | • 企业家 |
| • 股票经纪人 | • 公关专员 | • 演员 | • 投资银行家 |
| • 保险经纪人 | • 职业规划咨询师 | • 平面设计师 | • 广告创意总监 |
| • 土木工程师 | • 促销员 | • 艺术指导 | • 文案 |
| • 旅游管理人员 | • 演员 | • 公司团队培训师 | • 电视主持人 |
| • 电子游戏开发员 | • 海洋生物学家 | • 心理学家 | • 演员 |
| • 房地产开发商 | • 销售人员 | • 人力资源管理人员 | • 大学校长 |
| **ESTJ** | **ESFJ** | **ENFJ** | **ENTJ** |
| • 公司首席执行官 | • 零售商 | • 广告客户管理人员 | • 公司首席执行官 |
| • 军官 | • 护士 | • 杂志编辑 | • 管理咨询顾问 |
| • 预算分析师 | • 按摩师 | • 电视制片人 | • 政治家 |
| • 药剂师 | • 运动教练 | • 市场专员 | • 教育咨询顾问 |
| • 房地产经纪人 | • 餐饮业管理人员 | • 作家 | • 投资顾问 |
| • 保险经纪人 | • 旅游管理人员 | • 社会工作者 | • 法官 |

    MBTI 性格类型理论及其应用揭示了不同类型的人所具有的不同的、本能的、自然的思维、感觉及行为模式，使我们明白为什么不同的人会对不同的事物感兴趣，为什么不同的人擅长不同的工作类型，这有利于帮助我们与不同类型的人相互理解、有效配合。希望学生能够借助这个工具更好地了解自己的性格，进一步了解自己的个性特征所适合的职业范围。

### （二）兴趣与职业的关系

在选择职业生涯时，不仅需要知道自己有能力从事什么样的工作，也需要选择自己更有兴趣的工作。只有将能力和兴趣结合起来考虑，才更有可能取得职业生涯上的成功。

一个人假如能根据自己的兴趣去选择职业生涯，他的积极性将会得到充分发挥。即使他十分倦怠和辛劳，也总会兴致勃勃，乐在其中；即使困难重重他也绝不灰心丧气，而能想尽办法，百折不挠地去克服它，甚至废寝忘食，如醉如痴。

爱迪生就是个很好的例子。他几乎天天都在实验室里辛劳工作十几个小时，吃饭睡觉，都在巴掌大的实验室里面，条件艰苦，但他丝毫不以为意，他宣称："我天天其乐无穷。"难怪他会成功。

具体来说，兴趣对职业生涯的影响主要表现在以下两个方面：

**1. 兴趣是职业生涯选择的重要依据**

正像人们在日常生活中喜欢参加自己感兴趣的活动一样，具有一定的兴趣就更倾向于寻找与此有关的职业（类型），若外界环境限制较少，学生则更倾向于选择自己感兴趣的职业。因此，对自身的兴趣有了正确的评估后，就可以帮助自身做出职业生涯选择。

**2. 兴趣可以增强职业生涯适应性**

兴趣可以转化为工作动机促进人的能力的发挥，因此兴趣和能力的合理结合会大大提高工作效率。曾有人进行过研究：假如从事自己感兴趣的职业，则能发挥自身的大部分才能，而且长时间保持高效率而不会感到疲惫；而对所从事的工作没有兴趣，只能发挥自身的小部分才能。

### （三）能力与工作胜任力的关系

"胜任力"这个概念最早由哈佛大学教授戴维·麦克利兰于1973年正式提出，是指能将某一工作中有卓越成就者与普通者区分开来的个人的深层次特征，它可以是动机、特质、自我形象、态度或价值观、某领域知识、认知或行为技能等任何可以被可靠测量或计数的并且能显著区分优秀与一般绩效的个体特征。

在能力和知识的基础上，通过反复练习而形成的相对稳定的行动方式称为技能，不同的职业也会有不同的职业技能要求。职业能力是一个人有效地完成特定职业活动所必需的各种能力特征的总和，既包括人们获得教育、培训之前的能力倾向，也包括个人在社会生活中积累的职业经验和通过通识教育、培训而获得的技能等。

潜能即能力倾向，具有潜在性、适应性、容纳性、可能性等特点，具有遗传方面的特征，同时包含经过训练后发展的潜在可能性。用人单位特别注重技能及潜能，简而言之，既包括你现在能做什么，也包括你将来的职业发展潜力，即你是否有能力承担某些工作。

一般来讲，职业对任职者的能力要求主要是技能层面的。技能分为专业知识技能、自我管理技能和可迁移技能。

## 1. 专业知识技能

专业知识技能是指那些需要通过学习才能获得的特别的知识或能力，这些技能涉及你学习的专业课程。例如，律师这一职业需要系统的法律专业知识，工程师这一职业需要专门的工程专业知识，会计这一职业需要完整的财务管理知识。专业知识技能需要经过一段时间有意识的、专门的学习才能掌握，而且不能迁移。例如，如果没有额外接受训练，即使是一位经验丰富的成功的律师，也往往不能胜任普通工程师的职位；就算是一位资深的高级工程师，也承担不了初级会计的工作。

## 2. 自我管理技能

自我管理技能经常被看作是个性品质，而不是技能，因为它常被用来描述或说明人所具有的某些特征。这类技能可以从非工作领域迁移到工作领域，有助于你推销自己，是职业成功所需要的品质。

## 3. 可迁移技能

可迁移技能也称通用技能，是职业生涯中除岗位的专业能力之外的基本能力，是适用于各种职业、能够适应岗位不断变换、伴随人终身的可持续发展能力。这种技能在德国、澳大利亚、新加坡及我国台湾地区被称为"关键能力"，在美国被称为"通用能力"，在全美测评协会的技能测评体系中被称为"软技能"。可迁移技能可以从生活的方方面面中，特别是工作之外得到发展，并且可以应用于不同的工作中。在职业规划中，可迁移技能是需要最先和最详细叙述的，也是最能持续应用和依靠的技能，专业知识技能的应用都是在可迁移技能的基础上进行的。

## 二、探索职业发展

### （一）职业环境

1. 家庭环境分析

任何人的性格和品质的形成及个人的成长都离不开家庭环境的影响，学生在进行职业生涯规划时，可能考虑得更多的是家庭状况、家人期望等。个人职业发展规划的确立，总是同自身的成长经历和家庭环境相关联的。个人在成长过程中的不同时期，也会根据自己的成长经历和所受教育的情况，不断修正、调整并最终确立职业理想和职业计划。因此，正确而全面地评估家庭情况才能有针对性地设计适合自己的职业规划。

2. 学校环境分析

随着社会经济形式的不断变化，就业压力逐渐增加，学校环境也相应地在发生变化。一些学校本着面向市场、服务市场的理念，以市场需求为导向，建立了较为完善的专业体系。专业的设置与社会发展和学生就业紧密相连，贴近社会和个体的需求。

3. 社会环境分析

人无法脱离社会，对社会环境进行了解和分析也是职业生涯规划的重要内容之一。社会环境分析包括对社会发展、国家政策、就业形式、社会需求等内容的分析。了解国家或地区的政治、经济、科技、文化、法制等状况，有助于学生寻找各种发展机会。

4. 行业状况分析

我们周围经常发生这样的事情：在同样的行业，有的人越做越有干劲，而有的人天天在思索如何换行业；面对同样的工作，有的人在一个公司里工作得非常愉快，而在另一个公司里却工作得很不开心。其实只有知道了什么行业适合自己，找到适合自己的环境和氛围，才会心情愉悦，充分发挥才能，高效投入工作并取得成功。

行业状况分析需要结合社会大环境的发展趋势进行，包括对目前所从事的行业和将来想从事的目标行业的分析。分析的内容主要是行业目前发展状况、行业发展趋势、国家针对行业发展的相关政策。

5. 目标地域分析

对于学生而言，就业不仅仅是对工作和职业的选择，很多时候更是对生活环境甚至生活方式的选择。在选择目标地域时，不必拘泥于传统的地域限制，要选择一个适合自己发展的平台，寻找更广阔的发展空间。

6. 目标职业分析

进行目标职业分析是"知彼"的核心。在选择职业或单位时有必要通过个人可能获得的一切渠道来获取信息。目标职业分析就是对目标职业工作岗位的岗位要求、工作内容、工作条件等相关信息进行收集和分析，以便初步了解和熟悉该目标职业的情况。

## （二）职业实践

1. 获得相关职业证书

取得相关职业资格证书是进入某些特定职业的门槛，也是职业实践的开始。职业资格证书是劳动就业制度的一项重要内容，它是指按照国家制定的职业技能标准或任职资格条件，通过政府认定的考核鉴定机构，对劳动者的技能水平或职业资格进行客观公正、科学规范的评价和鉴定，对合格者授予相应的国家职业资格证书。职业资格证书能证明劳动者具有从事某一职业所必备的学识和技能，它是劳动者求职、任职、开业的资格凭证，是用人单位招聘、录用劳动者的主要依据，也是境外就业、对外劳务合作人员办理技能水平公证的有效证件。

2. 选择与专业相关的职业

如果说职业是学生的目标，那么专业就相当于到达目标所必经的路线。目标与路线之间并非一一对应的关系——有时是一个专业可以到达多个职业，有时是多个专业到达一个职业，还有一些是一个专业到达一个职业。这在学业规划上讲，就是专业、职业对应的一对多、多对一和一一对应关系。同时，行业性也影响着初次就业的状态及以后的发展，这也是学生选择学业目标时需要认真考虑的因素。对于行业性专业，要着重考虑的是把专业学好，将自己打造成某一领域的专才，这样才能有利于未来的顺利就业。而对于泛行业性的专业，要着重考虑的是制订个性化的学业规划，有针对性地学习，同时扩展自己能力的广度，争取成长为复合型或者 T 型人才，以便于未来的就业及个人的可持续发展。

【案例】

　　小辉，通信工程专业大四学生，最近他主动寻求心理咨询，告诉咨询老师"现在我真的绝望了"。原来，从大一开始他就不喜欢自己的专业，只是为了取得好成绩而被动地完成作业、机械地参加考试，没有真正学懂自己的专业。前段时间学校确定保研名单，小辉因为平时考试成绩还不错获得了通信工程专业的保研资格，但过了一段时间他开始犹豫是否继续读这个专业。由于小辉对编程没有任何兴趣，而这个专业的主要任务就是编程，所以小辉无法接受自己未来要从事这样的职业。他觉得如果自己将来的工作还是"编程"那简直太痛苦了，他甚至产生"宁可死了"也不想一生从事这个专业工作的想法。

3. 从"自然人"向"社会人"过渡

就业阶段是学生人生发展中的重大转折点，是学生从"自然人"向"社会人"过渡的重要阶段。当前，学生的就业心理特征主要表现为：知识化程度高而社会化程度低，情绪波动度高而自抑程度低，自我认可度高而人际协调力低，成才急切度高而抗挫能力低。学生的心理正处于成长期，就业又是人生发展过程中的大事，及时予以积极的心理引导，是提高学生心理素质的关键。

情绪是学生心理健康的晴雨表。学生的就业情绪出现波动，是心理成长期中不可避免的现象。但是，倘若情绪长期波动并郁积在心中，就会影响身心的健康发展。良好的就业情绪来自良好的心理，良好的心理来自良好的心境。因此，学生应正视现实，适当调节就业情绪，端正就业目的，增强社会责任感，培育创新精神和开拓精神，克服就业情绪中的浮躁，构建良好心境，保持愉快情绪，从而在就业中掌握主动性。

# 第二节　职业潜能测试和评估

## 一、一般能力测试

一般能力测试也就是我们通常所说的智力测试，是对一般智慧能力的测试。它最早是由法国心理学家比纳和西蒙在 1905 年编制的，因此也称为比纳-西蒙智力测验。世界上知名的智力测试很多，下面重点介绍智商法和常用的智力测试量表。

### （一）智商法

在智力测验中，表示智力水平的高低采用的是"智商"，这个概念常用于儿童，其计算方法是用心理年龄（MA）和实际年龄（CA）之比乘以 100，即智商（IQ）=（MA/CA）×100。如一个 8 岁的孩子的心理年龄为 10 岁的话，他的智商为 10/8×100，即 125。这种智力测验的结果通常用于和同年龄段的人进行比较，进而确定个体在人群中的地位。智商的平均数是 100，高于 130 属于智力超常，低于 70 属于智力低常，智力在整个人群中的分布情况如表 2-3 所示：

表 2-3　　　　　　　　　　　　　　智力人群分布表

| IQ | 类别 | 百分比（%） |
|---|---|---|
| 130 以上 | 超常 | 2.2 |
| 120—129 | 优秀 | 6.7 |
| 110—119 | 中上 | 16.1 |
| 90—109 | 中等 | 50 |
| 80—89 | 中下 | 16.1 |
| 70—79 | 低能边缘 | 6.7 |
| 69 以下 | 智力缺陷 | 2.2 |

### （二）常用的智力测试量表

**1. 韦克斯勒智力量表（WAIS）**

韦克斯勒智力量表测试的是成人，年龄范围是 16 ~ 64 岁，其测试由言语和操作两部分组成。韦克斯勒智力量表的内容如表 2-4 所示：

表 2-4　　　　　　　　　　　　**韦克斯勒智力量表**

| 分测验的名称 | | 分测验的内容 |
| --- | --- | --- |
| 言语量表 | 常识 | 考查知识的广度、一般学习能力及对日常事物的认识能力 |
| | 背数 | 考查注意力和短时记忆力 |
| | 词汇 | 考查语言理解能力 |
| | 算术 | 考查数字推理能力、计算及解决问题的能力 |
| | 理解 | 考查判断能力和理解能力 |
| 操作量表 | 类同 | 考查逻辑思维能力和抽象概括能力 |
| | 填图 | 考查视觉记忆、辨认能力和视觉理解能力 |
| | 图片排列 | 考查知觉组织能力和对社会情境的理解能力 |
| | 积木图 | 考查综合分析能力、知觉组织能力和视力协调能力 |
| | 图形拼凑 | 考查概括思维能力和知觉组织能力 |
| | 数字符号 | 考查知觉辨别速度下的组织能力 |

**2. 瑞文标准推理测试**

瑞文标准推理测试主要测试人的推理能力、清晰知觉和思维以及发现和利用自己所需要信息等能力。该测试共有 60 个题目，依次分为 A、B、C、D、E 五组，每组 12 题。从 A 组到 E 组，难度逐步增加，同时每组内部题目也是由易到难排列。每组题目所用的解题思路基本一致，但各组之间则有差异。其主要特点有：①是一种典型的非文字智力测试，测试对象不受文化、种族和语言的限制；②使用方便，结果可靠；③既可个别实施，也可团体实施，实施时间短，解释结果直观简单；④具有较高的信度和效度。

因此，瑞文标准推理测试经常被用于人才的选拔和培训，也是目前我国企业在人员选拔和招聘时使用得最多的能力测试之一。

由于多数量表为国外引进，因此在我国进行实际操作时，还应考虑我国人群的实际情况。再加上存在可以通过训练使测试的数值发生特异变化的情况，这就要求我们在使用时不要仅以量表测试值判断一个人的智商。

## 二、特殊能力测试

要顺利完成某项工作，除要具有一般能力外，还要具有该项工作所要求的特殊能力。在企业的招聘活动中常常会测试一些特殊能力，进行特殊能力测试需要一些心理测试仪器的配合运用。目前已经成熟并且在实践中广泛应用的特殊能力测试主要有：

### （一）文字能力测试

文字能力测试主要测试应聘者处理办公室日常例行工作的能力，如打字、记录、整理、保管和通知联络等。由于工作的层次和单位规模不同，文书的工作内容也会有很大的差别。一般来说，文字能力测试包括以下各项：①快速阅读能力；②文件整理的效率；③物品与人名的速记；④文字校对的正确性；⑤数字运算能力；⑥必要的管理知识和社会适应性。

### （二）心理运动能力测试

心理运动能力测试主要是用于测试一个人运动反应的速度、灵活性、协调性和其他身体运作方面的特征。常用的心理运动能力测试有以下两种：

1. 麦夸里机械能力测试

这种测试只需要笔和纸，包括六个项目：①循轨——在若干条垂直线很狭窄的断裂空隙间画一条线；②敲打——尽快地在圆圈里打上点；③临摹——临摹简单的图样；④定位——在一个图样的缩小形式中定出具体地点；⑤定块——在一个图样中确定有多少块；⑥追视——在一个迷宫中追视各种线条。

2. 澳康纳手指及镊子灵活测试

该测试需要一块有一百个小洞的木板，每十个洞是一行排列，另有放置数枚大头针或小木栓的浅凹处，被测试者需要用手指或镊子将大头针或小木栓拿起插入小洞中，按完成工作的时间计算总分，这是传统的手指灵活测试。研究表明，这个测试对预测缝纫机操作工培训生、牙科学生和其他需要准确操作技能的工作人员是否称职有较好的预测效果。

### （三）艺术能力测试

该测试主要测试对美感组织的鉴赏能力，包括图画各部分的平衡、对称、调和、异同等。常用"艺术性向表"进行测试。测试时给被测试者 12 张卡片，每一张卡片上只有几条线条，由被测试者根据这些线条画一幅图画，根据评分结果评定其艺术水平的高低。

总之，通过上述方法可以对某些职业要求的一些特殊技能进行测试，有助于对自己的职业生涯做出正确的规划。

## 三、职业综合能力测试

在许多情况下，人们在选择职业、制订职业规划时，仅仅考虑单方面的素质是不够的，这要求个人在实际择业和人事部门开展职业指导时，先做综合分析，即对一个人的性格、兴趣、能力、气质等做整体衡量，重点测评出其管理能力、人际交往能力、知识水平、职业导向因素、价值观念和相对独立性等。评估综合素质的方法主要有：

1. 计算机测试法

计算机测试法是一种了解自己、认识自己的有效现代测试手段，这种方法的科学性、准确性相对较高。目前用于测试的软件很多，许多网站也开设了网上测试方法。

2. 橱窗分析法

橱窗分析法是指将自己和他人对自己认识的情况分成四种，形象地放在一个如橱窗一般的直角坐标系中进行分析，四种情况分别称为"公开我，隐私我，潜在我，背脊我"，如图 2-1 所示。

在此，"我"的核心内容主要是指影响职业生涯选择的因素，如能力、知识、技能、态度、性格、气质、价值观、经验等。在图 2-1 中，所谓"公开我"，是指自己知道、别人也知道的部分，属于展现在外的部分；"隐私我"是指自己知

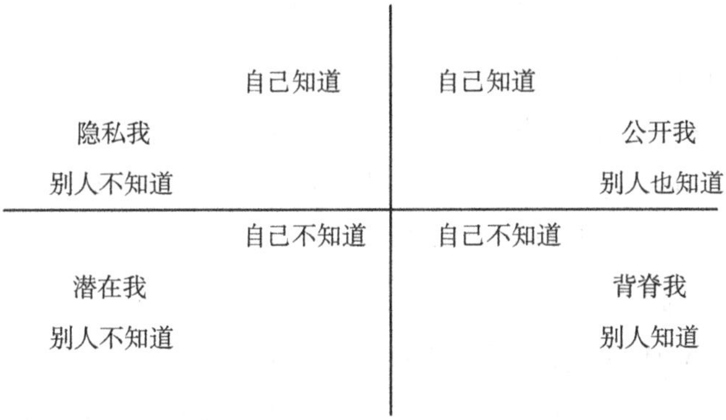

图 2-1　橱窗分析图

道、但别人不知道的部分，属于个人内在的隐私和秘密的部分；"潜在我"是指自己不知道、别人也不知道的部分，属于有待进一步开发的部分；"背脊我"是指自己不知道、别人知道的部分，也是需要开发的部分。

　　通过橱窗分析法，个人能进一步全面地、客观地了解自己，充分认识和开发"潜在我"和"背脊我"的部分，有利于个体选择适合自己的理想职业。总之，通过自我剖析认识自身的条件和整体综合素质，可以对自己进行比较准确的综合评价。

## 第三节　职业分析和选择

### 一、职业机会评估

#### （一）职业评估方法——SWOT 分析法

　　所谓 SWOT 分析，即基于内外部竞争环境和竞争条件下的态势分析，就是将与研究对象密切相关的各种主要的内部优势、劣势和外部的机会、威胁等，通过调查列举出来，并依照矩阵形式排列，然后用系统分析的思想，把各种因素相互匹配起来加以分析，从中得出一系列相应的结论，而结论通常带有一定的决策性。

运用这种方法，可以对研究对象所处的情景进行全面、系统、准确的研究，从而根据研究结果制定相应的发展战略、计划以及对策等。

S（Strengths）表示优势，W（Weaknesses）表示劣势，O（Opportunities）表示机会，T（Threats）表示威胁。按照企业竞争战略的完整概念，战略应是一个企业"能够做的"（即组织的强项和弱项）和"可能做的"（即环境的机会和威胁）之间的有机组合。

成功应用 SWOT 分析法的简单规则包括：①必须对公司的优势与劣势有客观的认识。②必须区分公司的现状与前景。③必须考虑全面。④必须与竞争对手进行比较，比如优于或劣于你的竞争对手。⑤保持 SWOT 分析法的简洁化，避免复杂化与过度分析。⑥SWOT 分析法因人而异。

### （二）职业机会评估

任何一个人的职业生涯都必须依附于一定的组织环境、条件和资源，都必然会受到一定的社会、经济、政治、文化和科技环境的影响。环境决定着每个人的职业生涯的发展空间、发展条件、成功机遇和前进性的威胁。特别是近年来，社会的快速变迁、科技的高速发展、市场的竞争加剧等都对个人发展产生了很大的影响。因此，在选择职业之前必须认真进行环境分析和职业生涯评估，认识和分析环境的特点、环境发展变化情况、自己与环境的关系、自己在环境中的地位、环境对自己提出的要求等，从而准确把握职业发展机会。许多学生喜欢用 SWOT 分析法来进行职业发展机会评估，即对自己的个人优势、劣势、机会和威胁进行分析，看到自身的竞争力和发展机会，认识到自己的不足和外在威胁，同时也能对各种机会进行评估，选出最佳职业及应对策略。

1. 优势分析

找出自己擅长、出色的领域，特别是与竞争对手相比所具有优势，以更好地挖掘自身的潜力。可以先回答以下几个方面的问题：①自己具备哪些能力和优秀的品质？首先是明确自身具备的能力和优秀的品质。不要敷衍自己，给自己做一个详细的描述，并把优点写在纸上。②自己曾经做过什么？即你已有的人生经历和经验，如在学校期间担任的职务、曾经参与或组织的实践活动、获得过的奖励、感到得心应手的活动等。经历是个人最宝贵的财富，往往可以从侧面反映出一个人的素质、潜力状况等。

对个人而言，经历往往比知识更重要，因为许多事情只有经历过，才可能有深刻的体会。只有在实践中才会真正发现一个人的长处和不足。所以在进行自我分析时，要善于利用过去的经验来推断未来的工作方向与机会。如分析在过去的经历中，自己学习到了什么，包括选修或自学的科目，参加过的职业资格考试，获得过的专业证书，除了专业方面的学习以外的特长，独到的见解和想法。如果在刚进校时就能进行意向性的职业规划，利用学校良好的学习条件，有针对性地学习某一种职业必需的相关知识，就能使自己在此方面具有一定的优势。此外，在个性方面，也要考虑，你可能做过很多事情，但最成功的是什么？为何成功，是偶然还是必然？是自己的能力所致还是性格使然？通过分析，可以挖掘出自己优秀的一面，如坚强、果断、智慧超群等。而寻找职业方向，往往要从自己的优势出发。

2. 劣势分析

找出自己不足的一面，特别是与竞争对手相比处于下风的方面，如经验或经历欠缺，没有什么特长，性格懦弱、内向，不善于交际。一般来说，不善于交际、内向的人不要从事与人打交道较多的社会工作，独立性强的人很难与他人默契合作，优柔寡断的人难以担当组织管理者的重任等。

由于环境的局限，学生的经历和经验总是有限的，每个人都无法避免经验上的欠缺。有欠缺并不可怕，可怕的是自己还没有认识到或认识到了却一味地装聋作哑。正确的态度应该是认真对待，善于发现，并努力提高自己。通过职业优缺点平衡表可以清晰地反映今后的职业生涯中哪些是可以利用的优势，哪些是必须克服的弱点，因此，在评估过程中既要考虑职业素质的要求，又要考虑个人具备的优缺点。

3. 机会分析

找出有利于职业选择和职业发展的一些机会。分析当前社会政治、经济、文化、科技环境是否有利于职业的发展，具体在哪些方面有利。从整个宏观环境看，21世纪是高科技产业、信息产业迅猛发展的时代，涉及相关产业的劳动力市场需求旺盛，个人发展前景也好；而传统产业的劳动力市场供过于求，职业安全系数低，不利于个人职业的稳定与发展。专业相关行业的发展情景与相关职位的空缺状况是影响个人职业生涯规划的直接因素。专业相关行业的发展情景良好，对人力资源的需求量较大，则就业机会较多，而职位的空缺与否影响个人职业生涯发展的空间。另外，还要考虑所选择的单位在行业的地位和发展趋势如何，市场竞争力如何。

**4. 威胁分析**

先对所处环境和以后所选择的单位内部各种不利因素或潜在因素进行分析，如行业是否萎缩，单位是否重组或改制，有无空缺职位，竞争该职位需要哪些具体的条件，有多少人和自己竞争这个职位，目前哪些因素对自己不利等。对学生个人职业生涯发展的威胁可能来自多个方面，主要涉及宏观经济环境。个人必须不断调整和完善自己的知识与技能结构，才能适应环境不断变化的要求。专业劳动力市场的供求状况影响着个人就业的难易程度，而专业劳动力市场的需求同样影响就业的稳定性。同专业的竞争者多且实力强，则就业机会较少；反之，则较多。

**5. 制定行动策略**

在完成内外因素分析和 SWOT 矩阵的构造后，要制定相应的策略，扬长避短，利用机会来化解威胁。运用系统的综合分析方法，将排列的各种环境因素相互匹配并组合，可得出一系列适合自己的可选择对策，以此确定个体的职业发展道路和职业行动计划。

（1）WT 策略，即考虑劣势和威胁因素，目的是使这些因素的影响都趋于最小。例如，成绩不好，就必须更加努力地学习；社交力不强，就要多参加社交活动。

（2）WO 策略，即考虑劣势和机会因素，目的是努力使弱点最小化，使机会趋于最大化。例如，虽然学校的一些专业偏冷门，但是目前就业市场对复合型人才需求旺盛，如果一个人的综合素质足够好，专业因素对他的影响就会很小。

（3）ST 策略，即考虑优势和威胁因素，目的是努力使优势因素最大化，使威胁因素趋向最小。例如，某公司有九种产品在中国市场位居行业之首，三种产品在世界市场的占有率居行业前三位，。但是，它在传播和公关技巧方面十分欠缺，这将使其未来在收购企业方面十分困难。

（4）SO策略，即考虑优势和机会因素，目的在于努力使这两个因素都发挥到最大限度。例如，你的英语基础很好，就可以继续加强这方面的优势，使它成为你各项素质中最具有竞争力的素质。这应该是四大策略中最重要的，因为很多劣势难以弥补，与其着重加强短板，还不如突出优势。

应当注意的是，使用SWOT分析法是通过对某一时段个体的内在与外在因素的分析而做出决策，而分析中的各个要素是动态变化的，并非一成不变；这就要求个体在使用SWOT分析法时要密切注意市场环境的变化以获得最新的就业趋势信息，关注各个因素未来的发展，并根据各种变化及时修正和调整自身的SWOT矩阵，从而做出更准确的职业决策。

## 二、职业选择

### （一）人的气质类型

俗话说："江山易改，本性难移。""秉性"就是气质，它是影响人们职业生涯的重要因素和职业选择的重要依据。不同的职业对人的气质有不同的要求，而不同的气质则适合从事不同类型的职业。依据气质在人身上的表现，心理学家把人的气质划分为以下四种类型：

1. 多血质

这类人热情开朗、充满自信、善于交际、活动能力强，属于敏捷好动的类型，对职业有较强的适应性，对外界事物感受迅速、强烈但不深入，注意力容易转移，不能持久，尤其对于单调、机械、琐碎的工作及缺乏竞争、循规蹈矩的工作一般不感兴趣也不能持久。这类人通常适合从事对交际能力有较高要求的职业及管理、服务工作，如政治家、外交人员、记者、公关人员、律师、秘书、艺术工作者等。

2. 胆汁质

这类人热情、直率、精力旺盛、勇敢积极，但心境变化剧烈，易冲动，属于兴奋热烈的类型。表现为有理想和抱负，有独立见解，反应迅速，行为果断。他们能以极大的热情去工作，克服工作中的困难，但若对工作失去信心，情绪即会低沉下来甚至转为沮丧而心灰意冷。这类人不适宜从事细致性的工作，而通常适宜从事竞争激烈、开拓性和风险性强或要求反应果断而迅速的职业，如体育运动员、改革者、实业家、探险家、地质勘探者、登山员等。

3. 黏液质

这类人安静、稳定、沉着、含蓄，心理平衡性好、自制力强，属于缄默安静的类型。他们能够高质量地完成那些需要长时间集中注意力的工作以及需要具备坚忍不拔、埋头苦干等品质的工作。其不足之处是过于拘谨，不善于随机应变，有墨守成规的表现，固定性有余，灵敏性不足。因此，这类人不适宜从事具有冒险性的工作，而适合从事细致、严谨、有条理、持久性强的工作，如教育工作者、医务工作者、会计、法官、图书管理员、营业员等。

4. 抑郁质

这类人内向、敏感、观察力敏锐、情绪体验深刻、处事谨慎、反应慢、缺乏自信，属于呆板羞涩的类型。他们在精神上难以承受神经紧张，常因微不足道的小事引起情绪波动，多愁善感；兴趣爱好少，与人交往拘束，喜欢独处。他们对于力所能及的工作，不论什么岗位，只要肩负责任，都能认真完成，毫不懈怠；但耐受性差，在困难面前易产生惊慌失措的情绪。这类人一般不适宜做灵活性要求高的工作，而适合从事理论研究及要求认真沉稳、敏锐精细的工作，如哲学研究员、基础理论研究员、检验员、刺绣工作者、雕刻工作者等。

人的气质本身无好坏之分，每种气质都有积极和消极的方面。多数人都是几种气质类型的混合体，可以后天进行锻炼改造。气质特征是影响个人就业的关键因素，也影响着个人在职业活动中的职业成就。在职业选择中，学生应从自身的实际气质特征出发，认真考察职业气质要求与自身特征的对应关系，从而找到适合自己气质类型的工作。

（二）对于职业的选择

职业选择受个人自身条件和职业要求的限制，一方面，个人不可能具有从事一切职业的能力和兴趣；另一方面，各项职业具有不同的劳动对象和劳动条件等，对劳动者的能力也有相应的特殊要求。职业选择是个人和职业岗位的相互选择和相互适应。

如何综合考虑各方面的因素，做出合理的职业选择，是职业生涯管理的重要内容。在人的整个职业生涯乃至整个人生之中，职业选择都是极重要的一环。

1. 职业选择过程

职业生涯的选择过程，就是将个人的属性（能力、性格、学历和价值观等）与职业环境进行整合或匹配，最终确定自己理想的职业的过程。

2. 进行职业选择的主要方法

（1）经验法。

经验法是一种被运用较多的方法，通常是找一些比较有经验的人进行咨询，用他们的经验来提供支持和辅助决策。这种方法的弊端是主观性强、精确性差。

（2）比较法。

比较法是指运用推理、比较等手段，综合考虑多方面的利弊得失，找出正面预期多、负面影响小的方案。这种方法比较科学，但十分复杂，需要的技术和资源较多，选择过程比较漫长。

（3）直觉法。

直觉法是指借助个人内在的感情和感觉，运用想象力，辅之以过去的知识和背景来做选择。这种方法的优点是简单、迅速，缺点是主观、武断，缺乏科学依据，比较感性。

3. 确定职业选择

（1）处理好个人职业心理特征的冲突。

如果能力与兴趣和价值观之间发生冲突，即对于感兴趣的职业，可能因能力较低或不具备这种能力而暂时不能从业，这时理智的选择可以从感兴趣职业的基层岗位或相关联的职业做起，在兴趣爱好的引导下慢慢学习，积累相关技能，进而培养出目标职业要求具备的能力。

（2）确定外部的影响因素及力量。

认识了职业及职业自我后，便可以确立一个相对适合的初步选择范围。做出最终决策时，要仔细分析，考虑多方面的因素，找出可能的促进因素或冲突因素。找到了解决冲突的方法，就可以做最后的决定了。

（3）分析不同选择的利弊得失。

最终的选择是否合理、科学，可以通过选择后的分析来判断，主要从个人、家庭、亲友以及社会等方面的得失来进行分析。

总之，个人可以排除各种不利于职业选择的因素，运用合适的方法对自己的职业进行选择，以便顺利地实现自己的职业目标。

### 三、避开职业选择的误区

#### （一）职业选择的误区

职业理想和现实之间往往存在着明显的冲突，再加上个人的性格、价值观也都存在着很大的差异，所以职业选择存在着一定难度。随着社会经济文化的发展，人们的观念发生了很大的变化，许多人在职业发展中存在片面追求个人价值或经济价值的误区，这将直接影响其职业选择和发展。所以，在设计切实可行的职业目标时，要走出自己思想上的一些误区：

1. 只求目前稳妥或经济效益，不求长期的发展机会

许多人在求职时，倾向于选择那些经济效益好、收入稳定的单位，而不愿去那些目前经济效益差、尚有发展潜力的企业。但有时过于偏重眼前利益，忽视长远发展，也许会使自己失去许多重要的人生机会。

2. 过于求全，脱离实际

有的人把择业想得十全十美，忽视自身条件和环境因素。脱离自己的实际情况，片面地追求完美。

3. 意气用事，随意跳槽

有的人常常以"不喜欢这份工作"为理由而频频跳槽。他们没有分清哪些是值得自己坚持下去的，哪些确实是不适合自己的。

4. 依赖企业安排，等待上级提拔

职业生涯规划虽然是企业和个人双方都参与的过程，但最终的实现主要还是依靠个人。因此，我们要积极发挥主观能动性，不能将自己的未来交给别人来安排。

5. 被动就业，缺乏主观能动性

很多人坚信成功者是因为得到了好机会，因此，他们被动地等待命运的安排，而不主动地去计划、经营和努力把握自己的生活。

了解了上述思想上的误区后，我们在做职业目标的设计、职业生涯的规划

时，应该仔细考虑自身潜能和环境因素，树立正确的择业观，为职业生涯的发展打好基础。

## （二）避开职业选择的误区

### 1. 选择社会所需要的

符合社会需要，是指一个人在选择职业岗位时，要把社会需要作为出发点和归宿，以社会对自己的要求为准绳，去观察和认识问题，进而决定自己的职业岗位。职业岗位是随着社会历史的发展而产生的，社会上每一个职业岗位的出现都是源于社会发展的需要。没有社会的需要，就没有职业和职业分工，也就没有职业岗位的选择。因此，在选择职业时，要把社会需要作为出发点，同时把社会需要和个人意愿结合起来，使自己所选择的职业岗位符合社会的需要，不能不顾社会需要而一味追求"自我设计"。特别是当个人利益与国家利益、集体利益发生矛盾时，要自觉地服从社会需要，促进社会整体均衡发展。

### 2. 选择专业对口的

专业对口是指求职者具有的专业知识、技能、经验与所要从事的工作、职业有直接的联系。经过几年的学生生活，毕业生掌握了某一专业的知识和技能，在选择职业时，要考虑选择能发挥自己专业所长的职业。一般来说，在选择专业之初，就已经基本确定了一个人今后的发展方向和前进道路。为了珍惜自己已获得的专业知识，学以致用，并在此基础上充分施展才能，更多的人选择专业对口的职业。对用人单位而言，也希望能选择专业对口的人才，不用花费太多的时间和经费进行培训，可尽快上岗。当然，这里所说的专业对口，是指基本对口，因为在实际工作中，完全的专业对口是较少的。这也要求学生在学好专业知识的同时，还要主动适应职业岗位的需要。

### 3. 选择自己所喜欢的

无数事实证明，兴趣和职业的良好结合，可以铸就一个人一生辉煌的职业生涯。从事一项自己喜欢的工作，可以从工作中获得满足感，个人的职业生涯也会妙趣横生。从心理学的角度来看，一个人只有对某项职业有兴趣，才会从内心激发起强烈的求知欲和探索欲，才能积极地总结经验，摸索规律，有所突破，有所创造。因此，在选择职业时，应尽可能考虑自己的特点，重视自己的兴趣，选择自己喜欢的职业。

4. 选择最有发展前景的

人在基本生存需求得到满足之后，就会追求更高层次的需求——发展，而人们所从事的职业恰好可以提供发展的契机。所以，在选择职业时也应该考虑职业的适合性、对口性，考虑单位领导的管理风格和人事制度，考虑单位的实力和风气，考虑单位所提供的机会、前途等条件，这些都是促进或阻碍人们职业发展的因素。部分学生认为条件好的大单位才有利于今后事业的发展，其实这是一种误解。我们知道，人的成长受很多因素的制约，工作、生活条件只是其中一个方面。

5. 选择自己所擅长的

所谓特长是一个人区别于其他人的特殊才能。个体具有的特长是实现自身价值的资本，也是为社会做贡献的基本条件。人和人之间的个性特点，特别是工作能力倾向等，是存在很大差别的。每个人都各有所长，又各有所短。在选择职业时，对自己究竟想干什么、能干什么，要清楚地了解，才能扬长避短，最大限度地发挥潜力，有所成就。

6. 选择自己所需要的

职业目前对绝大部分人而言，依然是一种谋生手段，是谋取人生幸福的途径。谋职的最终目标在于实现个人生活的幸福，而利益倾向支配着一个人的职业选择。根据马斯洛需求层次理论，人的需求可以分为五个层次：生理需求、安全需求、爱的需求、自尊需求及自我实现的需求。个人预期收益在于使这些由低到高的基本需求得到最大的满足，而衡量其满足程度的指标表现为收入、社会地位、职业生涯的稳定感与挑战性等。不同的人有不同的偏好，但每个人都会尽可能满足自身所有的需求。

总之，在选择职业时，不可能所有要求都得到满足，必须分析哪些是主要因素，哪些是次要因素；哪些是现实因素，哪些是幻想因素；哪些是合理要求，哪些是不合理要求。要抓住主要的、现实的、合理的要求，抛弃次要的、幻想的、过分的要求。事实上，择业也是一种竞争。在这个人才济济的社会，学生必须做好充分的准备，强化竞争意识，抛弃就业依赖性，发扬自强、自主、自立的精神，发挥内在的潜能，充分利用各方面的优势，选择好求职的突破点，勇于竞争，抢先推销，力争选择到合适的职业。

## ◎ 参考文献

[1] 苏文平．大学生职业生涯规划与就业创业指导［M］．北京：中国人民大学出版社，2018．

[2] 庄丽程，希羲，季小燕．大学生职业生涯发展规划书实操指导［M］．武汉：华中科技大学出版社，2018．

[3] 张莹．如何进行职业生涯规划与管理［M］．北京：北京大学出版社，2006．

[4] 刘永贵，李亚群．大学生职业生涯与发展规划［M］．北京：科学出版社，2019．

[5] 桂舟，张淑谦．大学生职业发展与就业指导（第2版）［M］．北京：清华大学出版社，2018．

[6] 石建勋．职业生涯规划与管理（第2版）［M］．北京：清华大学出版社，2017．

# 第三章 职业定位与职业生涯规划书的制订

## 第一节 如何进行职业定位

### 一、职业定位的角度

（一）行业定位

1. 选择具有长远竞争力的行业

不能只图一时的收获，而忽视了长远发展。如果自身选择的行业发展迅速，同时自己是发自内心地喜欢这个行业，那么个人的物质收入和精神满足感也会随着整个行业的发展而"水涨船高"。

2. 发自内心地喜欢这个行业

不能只看到现在某些行业的起点工资高，而忽视了长远发展。一个人如果不热爱一个行业，内心就会缺乏持久的动力，也很难获得长远发展。要知道，没有夕阳行业，只有夕阳思维！

（二）职业定位

1. 成为核心部门的员工

在企业里面，哪个部门创造出了最多的利润？当然是核心部门。哪些人为公司创造了最多的价值？自然是核心部门的核心员工。其他部门的工作再忙，也是服务于核心部门的，因为企业存在的目的就是获得利润。为什么要成为核心部门的员工，答案不言而喻，核心部门的成员，为企业创造的价值多，工资和提升空间机会自然多。

2. 发挥自己的专长

在进行职业定位时，应该弄清自身要进入的企业到底是以什么核心业务为主导的企业。很多学生认为"自己学的是什么专业，就要从事什么工作"，这是一个很大的思维误区。专业并不能代表实际专长，而专长则是比别人突出的地方，是求职就业时的亮点。每一位在职场上成功发展的人，依靠的都是自己的专长而非专业。成功肯定是出自你的专长。如果现在大家都一样，就拿出不一样的热情和勤奋，投入到喜欢的事业上吧，把它努力发展成一门专长，肯定也会走上成长的快车道！

（三）公司定位

不同的公司具有不同的特点。政府事业单位的优点是社会认知度高，有稳定的发展环境，收入增加有规律；缺点是过于稳定，发展路线过于规律，需要很强的人际交往能力。外资企业的优点是薪资起点高，工作环境优美，工作有品质感，福利措施完善；缺点是升迁到高层管理职位比较难，自主决定权少。国有企业的特点则融合了政府事业单位和外资企业的优点和缺点。私营企业的优点是灵活自由，重在看个人业绩，能力强则提升快；缺点是不够稳定。自我创业的优点很多，缺点也不少。创业成功后收益高，但是风险也极大。那么，你到底是喜欢稳定的工作、有品质感的工作，还是喜欢自主激情型的工作呢？公司选择非常重要，但也并不是你想要到哪儿就能去的，这些都是建立在自我能力基础之上做出的选择。

（四）城市定位

说到底，职业选择会决定你的生活方式，而我们应该做的是先确定我们想要的生活方式，然后再对职业和城市进行选择。很多人喜欢大城市，但是并不代表每个人都具有到大城市生活和工作的能力；很多人本来可以到大城市获得更大的发展，却因为追求稳定而选择了中小城市；同时还有一些人选择乡镇，在基层就业。其实，选择哪个地方都没有错，关键看适不适合自己。

（五）情感定位

在求职中，你无可避免地会受到"家庭、恋人、朋友"三者的影响。父母大多数希望孩子能有一份稳定的工作；恋人则想维持美好的感情，想和你去同一个城市；朋友们若去了某个行业或企业，你会考虑该不该和朋友们做出相同的选择。这三者都会微妙地影响你的职业定位。那么，你该如何处理这三者的微妙关系呢？到底应该顺应谁呢？这需要多听听自己内心的声音，要认识到"自己的选择是正确的，是适合自己发展的"，当然这也有个前提，就是你真的有自己的规划，而不是随性而为。所以，遇到不同声音时，要坚持自己内心的想法，并努力为你的选择付出，你一定会有一个最好的职业发展。选择比努力更重要，这是所有成功职业经理人都在向后来者讲述的一个真理，职业选择的过程就是一个自我定位的过程。

## 二、职业定位的方法

（一）成本收益分析法

成本收益分析法是一种经济决策评价方法，主要通过比较项目的全部成本和效益，以选取一定值的社会贴现率，通过判断净收益大小的方式来衡量投资项目的价值，为政策制定者选择最优方案提供依据。成本收益分析法最早运用于美国水利工程项目评估实践，后快速地在各个国家的政府部门范围内推广。随着理论研究和实践应用的深入，该方法不仅在政府经济调控、公共项目建设、环境风险评估中被广泛采用，也越来越多地融入建设、教育、金融、医疗等社会政策研判和绩效评价的方法之中。

学生职业定位的首要问题是选择毕业之后的路径，到底是步入社会进行求职就业，还是目标高远继续深造；是开阔视野出国留学，还是响应号召自主创业。这需要学生逐一列出所有选项的成本和收益并进行比较，结合自身实际情况，进而寻求以最小成本获得最大收益的职业发展路径。

### (二) 因素比较分析法

因素比较分析法是对工作岗位予以量化评价的方法，主要应用于企业岗位薪酬水平的制定。该方法是基于岗位排序法的一种改进。它不关心具体岗位的工作职责和任职要求，而是遴选了体现所有岗位特征的不同抽象因素，如工作责任、工作强度、智力技能、工作环境等，按决定的评价因素对选定的标准岗位进行评分定级，制定出标准岗位分级表，然后把非标准岗位与标准岗位分级表进行对比并评分，得到不同因素等级分值的总和就为该岗位的岗位价值。因素比较分析法中的基本因素数量通常比较少，且具有通用性，可以根据工作的性质略作修改，几乎能适用于所有的工作。该方法的优点是主观性成分少，操作简单，成本低，美中不足的是对各因素的权重不能很好地确定，仍需进行主观判断。

随着就业压力的增大，学生跨专业、跨行业求职的现象随处可见。普遍存在的观点是"从事哪个行业不重要，选择哪家企业也不重要，重要的是好岗位、高薪水"。有的学生则简单化地理解"先就业、后择业"的倡议，认为首份工作的行业和企业选择可以简单随性，缺乏深入理性的分析和思考，总想着即便不合适也有足够的时间和机会再做出调整，这显然成为"闪辞"现象的诱因之一。

### (三) 胜任特征评价法

胜任特征评价法是近年来运用非常广泛的人力资源评价分析技术。人职匹配理论认为，人的个体差异普遍存在，而不同职业由于其性质、环境、内容的差异对从业者的素质特征要求也不尽相同，因此，在做职业决策时，要做到个人的素质特征与岗位的胜任特征相匹配，因为胜任特征与工作任务和工作绩效高度相关，具有相对性和动态性，能预测未来的工作业绩。企业 HR (人力资源管理者) 则往往对求职者的品格特质、职业形象、价值观、专业知识、认知态度、行为技能以及任何能够被测评的外显特征和内隐特征进行全面系统的研究和评价，目的是寻求符合某个职位的理想人选。该方法也可用于对在职员工的测评，以作为工作培训需求发掘的依据或来源。

### （四）5W2H 分析法

5W2H 分析法是"二战"中美国陆军兵器修理部首创的理论。其中的 5W 和 2H 的意思分别为：

why：为什么要这么做？理由何在？

what：目标是什么？做什么工作？

where：在哪里做？从哪里入手？

when：什么时间完成？什么时机最适宜？

who：谁来完成？谁负责？

how：怎么做？如何提高效率？如何实施？

how much：执行的成本是多少？费用产出如何？

由于 5W2H 分析法使用简单、方便，易于理解和富有启发意义，而被广泛用于个人和组织机构的执行性活动中。学生运用成本收益分析法、因素比较分析法和胜任特征评价法明确职业发展定位后，可以通过 5W2H 分析法对职业定位进行辅助和矫正，弥补疏漏。同时，能够协助发现解决问题的线索和思路，从而进行行动设计构思，制订详尽的执行计划，这将有利于推动职业目标的实现，也是职业生涯规划的关键步骤。此外，通过结构化的 5W2H 进行设问，可以引发更深层次的思考，其中的存疑之处能促使求职者主动寻求专业的咨询和帮助，借助专业的力量能够更好地找到执行的捷径，也能够更好地发挥出自身优势，从而达到目标。

## 第二节　职业生涯规划书的制订

### 一、职业生涯规划书的制订原则

好的职业规划可以帮助个体在职业发展道路上少走弯路。那么，如何才能设计出具有指导意义的职业规划呢？一般来说，应遵循"四定"原则和"五性"原则。

（一）"四定"原则

1."定向"原则

"定向"原则即定方向。方向定错了，则南辕北辙，距离目标会越来越远，将付出较大的代价。因此，职业生涯决策决不能犯"方向性错误"。

通常情况下，职业方向由本人所学的专业确定。但现实的情况是，很多人毕业后并不能完全按照自己所学的专业来选择工作，有的工作甚至与原专业毫不相关，"学非所用""用非所学""专业不对口"的情况比比皆是。在这种情况下，就需要认真考虑并选择适合自己的职业岗位。有时为了就业，只要这种职业是社会紧缺的、急需的或有发展前景的，甚至要强制自己去"适应"并不喜欢的岗位。

2."定点"原则

"定点"原则即定地点，就是定职业发展的地点。有些人毕业后选择去南方，有些人选择到上海、沪宁一带发展，还有些人则选择去边疆、大西北，选择到祖国最需要的地方去，这些都无可非议。俗话说"人各有志"，但我们应该综合多方面的因素考虑，不可一时冲动，心血来潮。比如有的人毕业后去了南方，认为那里是改革开放的前沿，经济发达，薪资水平较高，但忽略了竞争激烈、观念差异、心理承受能力，甚至气候、水土等因素，结果入职时间不长又跳槽离开。如果一开始就选准方向，就可以在一个地方扎根一个职业领域长期稳定发展，这对自己的资历和经验都会有所帮助，通过长时间的努力，则有望成为某一领域的资深人士。频繁更换地点，今天在这儿，明天到那儿，对我们的职业生涯成长肯定弊多利少。

3."定位"原则

"定位"原则即定位置。择业前要对自己的水平、能力、薪资期望、心理承受度做全面分析，做出较准确的定位。我们不可悲观，把自己定位过低；更不要高估自己，导致期望值过高，一旦不能如愿，我们的失望也就会很大。如果刚毕业就被知名大公司选中，而且薪资福利不菲，当然是一件幸事；如果没有碰上这种好机遇，也无须气馁。不要过分在意公司的名气和薪资的高低，只要这家公司、这个专业岗位适合自己，是自己所向往和追求的，就应该去试一试，争取被录用。应确立从基层做起、从基础做起的理念，逐步积累经验，循序渐进，谋求发展，这对人的一生都会有帮助。

4. "定心"原则

"定心"原则即定心神。这是最重要的一点。如果心神不定、朝三暮四,就不能准确地"定向、定点、定位"。

## (二)"五性"原则

### 1. 独特性原则

每个人的性格特征、知识结构、兴趣爱好、能力倾向等都有所不同,其家庭条件、成长经历、社会关系也都不同,因而在制订职业生涯规划书时不可能找到普遍适用的路径,必须综合考虑各方面的实际情况,充分发挥个人优势,量身定制。

### 2. 可行性原则

职业理想能否顺利实现,有赖于职业生涯的规划方案是否可行。可行性体现在两个方面:一是职业生涯目标的可行性,即目标的设定是否建立在现实条件的基础上;二是职业行动计划的可行性,即行动计划是否是自己可以实现的。

### 3. 阶段性原则

根据舒伯的生涯彩虹图可知,个人发展具有阶段性,每个人在自己人生发展的不同阶段所承担的社会角色和发展任务是不同的。制订职业生涯规划书时也应该根据自己的年龄阶段设计不同的内容,以适应每个发展阶段的特点,使每个阶段都能充实度过,进而逐步达成阶段性目标,并从容过渡到下一个阶段目标,最终实现自己的人生目标。

### 4. 发展性原则

社会发展日新月异,制订职业生涯规划书也要有一定的超前性和预见性。当社会经济环境和市场环境等方面出现新情况时,要根据自我发展、社会变迁以及其他不可预测的因素,主动调整自己以适应各种变化,及时评估、不断修正,才能优化自己的职业生涯规划书。

### 5. 一致性原则

在调整职业生涯规划的过程中要坚守规划目标的持久性和一贯性。短期目标有可能需要调整,目标的调整修正应和长远的人生目标始终保持一致,使整个规划始终围绕自己的人生目标而展开。过去、现在和未来应有内在的一致性和延续性,除非遇到不可抗力事件或未预料到的重大事件,一般不要对职业生涯规划书做出颠覆性的修改或调整。

## 二、职业生涯规划书的内容

### （一）职业生涯规划书的基本格式

#### 1. 表格式

表格式职业生涯规划书的内容相对简洁，一般来说，仅包括对职业生涯目标的说明、各阶段规划任务与发展策略。这种格式的职业生涯规划书更适用于阶段任务的提示。表格式职业生涯规划书示例如表 3-1 所示：

表 3-1　　　　　　　　　　　　表格式职业生涯规划书示例

| 职业生涯目标 | 根据自身的特点和兴趣，将与计算机和网络相关的数据库管理、网络管理、平面设计等职业作为今后的职业发展方向 | |
| --- | --- | --- |
| 发展策略 | 职业发展路线：一线操作员—技术维修员—（技工—高级技工）—工程师—高级工程师（副总工程师—公司总工程师） | |
| 行动方案 | 短期规划 | 目标：顺利通过各门功课考核，拿到大专毕业证；取得相关证书。<br>大二上学期通过英语三级考试，大二下学期通过计算机二级考试，大三期间参加无线电调试工（高级）、通信终端维修工等专业考试并力争顺利通过。<br>扎实学习专业技能，同时充分利用校内图书馆、校外书城及网络等资源，开阔视野，扩展知识范围，争取参加一些学生计算机技能比赛；制定合理的时间表，参加自学或函授、夜大或脱产等课外进修，有效利用大学三年的时间，打造自己的就业竞争力，力争毕业时能够选择到合适自身发展的工作岗位 |
| | 中期规划 | 以取得高级技工资格证书和工程师资格证书为总目标；提升自身学历层次，从专科走向本科；提高专业技能，逐步达到技工、高级技工和工程师技术水平；在这一时期，与同事友好相处，通力合作，共同为企业创造财富；以主人翁的态度积极为企业发展出谋划策，以不断提升业务素质和能力为第一诉求，为今后的职业发展奠定坚实的基础；坚持参加体育锻炼，塑造健康体魄 |

续表

| 行动方案 | 长期规划 | 目标：使自己成为本岗位、本单位中业务精湛、精于管理的复合型人才和中高级管理干部。<br>在原基础上进一步提升自身学历层次，达到本科和研究生水平；熟练掌握本专业领域的技术技能，使自己逐步成为单位的技术骨干，达到高级工程师技术水平；丰富自己的经验，参与并做好生产技术管理工作，逐步向技术精、懂管理的中高级技术管理干部方向发展 |
| --- | --- | --- |

## 2. 条列式

条列式职业生涯规划书包含职业生涯规划的主要内容，但语言表述简单，缺乏详细的材料分析和评估，规划过程的逻辑性不强。其示例如下：

我是一名艺术设计专业的硕士研究生，为了实现职业理想，特做出以下职业生涯规划安排：

（1）自身现状以及期望。

英语水平合格，能流利沟通；设计专业知识基础扎实，略懂经贸知识；具有较强的人际沟通能力；思维敏捷，表达较流畅；在硕士研究生就读期间担任学生干部，有较好的组织协调能力；有很强的学习能力；很有热情为自己的将来奋斗。

（2）自我评估。

我的性格是比较诚实、正直的，做事情认真、勤奋、责任心强，并具有一定的创新意识。在自己的生活方面比较朴素，但对待朋友比较大方，偶尔会出现做事马虎的现象。

在一般能力上，我的注意力比较集中，善于观察，记忆力较强，思维比较开阔，想象力丰富。在特殊能力也就是在我的特长上，我会把要做的事与兴趣结合在一起，成效较好。我的设计能力较强，但我在语言表达能力及动作协调能力上还有待加强，换位思考能力也不是很突出。

（3）职业环境评估。

中国有关设计方面的市场有相当大的潜力。随着生活质量和文化艺术修养的普遍提高，对艺术的追求与欣赏已成为人们生活中不可缺少的部分。艺术设计市场人才紧缺，使得艺术设计专业的毕业生较抢手。

（4）职业生涯目标。

我的职业生涯目标是成为企业高级管理人员或高级工程师（艺术设计方向）。

劣势：缺乏大中型企业先进的管理理念和丰富的管理经验，缺乏作为高级职业经理人所必备的技能、创新能力，快速适应能力不强，身体适应能力不强，社交圈窄。

（5）目标分解策略。

①2007—2010年。

成果目标：通过实践学习，深入了解国外的企业管理理论和设计理念。

学历目标：拿到硕士研究生学位，顺利找到工作。

职务目标：设计经理。

能力目标：具备在艺术设计领域从事具体设计工作的理论基础，通过实习获得一定的实践经验。

经济目标：年收入5万元左右。

②2010—2015年。

学历目标：取得国际商业美术设计师资格证书。

职务目标：设计总监。

能力目标：熟练处理本职务工作，工作业绩在同级同事中居于突出地位；熟悉企业运作机制及企业文化，能与公司领导层无阻碍地沟通。

经济目标：月薪1万元。

③2015—2020年。

学历目标：攻读博士并取得工程博士学位。

职务目标：知名设计师或高级工程师，大学的外聘讲师。

能力目标：有广泛的社会交际网，能在国内外专业刊物上发表自己的作品。

## 3. 复合式

复合式职业生涯规划书综合了表格式职业生涯规划书与条列式职业生涯规划书的特点。

## 4. 论文式

论文式职业生涯规划书以论文形式呈现职业规划内容。

## （二）职业生涯规划书的主要内容

职业生涯规划书是对职业生涯规划的书面化呈现，不仅能展现学生的宏观职业生涯规划，还能对学生具体的学习和工作起到指导及鞭策作用。职业生涯规划书的基本内容主要包括以下几个方面：

### 1. 基本情况介绍

基本情况介绍包括题目、姓名、基本情况、规划年限、年龄跨度、起止时间。其中规划年限没有长短限制，可以是半年、三年、五年，甚至是二十年，视个人的具体情况而定。一般来说，建议学生的职业规划年限为三至五年。

### 2. 自我分析

有效的职业生涯规划必然是在充分且正确认识自身条件的基础上进行的。学生要审视自己、认识自己、了解自己，做好自我分析，包括自己的兴趣、特长、性格、学识、技能、智商、情商、思维方式等，即要弄清想干什么、能干什么、应该干什么、会选择什么职业等问题。可包括以下内容：①我的职业倾向分析；②我的职业价值观判断；③我的性格评估；④我的能力盘点；⑤个人经历回放；⑥自我分析与评估总结。

### 3. 环境评估

进行职业生涯规划时还要充分认识和了解相关的环境，评估环境因素对自己职业发展的影响，分析环境条件的特点和发展变化情况，把握环境因素的优势与限制，了解本专业、本行业的地位、形势以及发展趋势。可包括以下内容：①社会环境分析；②学校环境分析；③家庭环境分析；④行业环境分析；⑤组织环境分析；⑥职业分析；⑦岗位分析；⑧环境分析结论。

### 4. 职业定位

职业定位就是要对职业生涯目标与自己的潜能以及主客观条件谋求最佳匹

配。良好的职业定位是以自己的最佳才能、最优性格、最大兴趣、最有利的环境等信息为依据的。职业定位包括确定各阶段职业生涯目标和总体目标、确定职业发展道路等。可包括以下内容：①明确可选的职业生涯目标；②职业评估与决策；③职业生涯路径设计；④职业定位结论。

5. 职业生涯实施计划

学生不仅要制订实现职业生涯目标的行动方案，还要有具体的行为措施来保证职业生涯目标的达成。没有行动，职业生涯目标只能是梦想。学生不仅要制订周详的行动方案，以逐步缩小差距，实现各阶段职业生涯目标，还要注意去落实这一行动方案。可包括以下内容：①长期、中期、短期职业生涯计划；②各阶段计划的分目标、计划内容（专业学习、职业技能、职业素养）；③计划实施策略。

6. 评估与反馈

职业生涯规划是一个动态的过程，必须根据实施结果的情况以及变化及时地进行评估与修正。整个职业生涯规划要在实施中去检验其效果，要及时诊断职业生涯规划各个环节出现的问题，找出相应对策，对职业生涯规划进行调整与完善。可包括以下内容：①可能存在的风险；②预评估的内容；③风险应对方案。

# 第三节　职业生涯规划的前期探索和尝试

## 一、职业生涯规划的前期探索

### （一）职业生涯规划的探索方法

1. 静态的资料接触

（1）搜集职业信息。

通过出版物、视听资料、行业展览会和人才交流会、网络及相关机构发布的职业信息，结合自身专业、个性、兴趣爱好等，初步搜集个人心仪职业的相关信息，对其所要求的学历、技能及其他各方面条件等进行了解并形成初步认识，以明确自己在大学期间的努力方向。

（2）利用网络资源。

互联网具有信息量大、信息全面、查询方便、更新及时、经济实惠等优势，因此利用互联网搜索招聘信息已经成为学生普遍采用的方式。目前，搜集招聘信息的网站主要包括专业求职网站、用人单位网站和门户网站等求职频道，建议可以经常浏览一些在学生就业服务方面比较有影响力的网站。此外，大多数高校还成立了专门针对毕业生进行就业政策咨询和就业工作指导的职能部门——就业指导中心。该职能部门会根据上级有关部门的精神，发布各种新的就业政策和规定。近年来随着新媒体的普及，用人单位还会通过微博、微信等方式不定期发布招聘信息。

2. 动态的资料接触

与相关从业人员（通常是自己感兴趣的职业从业者），特别是职业发展较为成功的人士进行交流，是一种最直接、最易操作的获得关于本行业、职业和单位"内部"信息的方式。从业者对该职业的主观感受、该职业的发展前景等信息是通过一般大众传媒和出版物了解不到的。接受访谈的对象最好是在这个职位上已经工作了3—5年甚至更长时间。为防止访谈效果受到主观因素的影响，访谈对象至少应是两个。这实际上是一次间接、快速的职业体验，让学生能判断自己是否对该职业感兴趣，从而在在校期间能有针对性地去提升自己的专业技能和个人素养，以便在求职时和将来的工作中以更好的状态应对各种困难。

在访谈之前，学生至少需要做两件事：一是为自己准备一个"30秒广告"，因为在访谈过程中，对方可能会问到你的一些情况，如职业兴趣、个性特征、职业期望等；二是对需要提出的问题做一些准备，这样有助于访谈的深入，也有利于取得较好的访谈效果。以下列出了一份人物访谈问题清单，以供参考：

（1）在这个工作岗位上，您每天都做些什么？

（2）您是如何找到这份工作的？

（3）您如何看待该领域工作将来的变化趋势？

（4）您的工作是如何为实现组织的总体目标贡献力量的？

（5）行业内对刚进入该领域工作的员工一般会提供哪些培训？

（6）您所在领域有"职业生涯发展通路"吗？

（7）本职业需要什么样的人？

（8）到本领域工作所需的基本前提是什么？

（9）就您的工作而言，您最喜欢什么？最不喜欢什么？

（10）在本领域内什么样的初级工作最有益于学到尽可能多的知识？

（11）本领域的初级职位和略高级职位的薪水是多少？

（12）工作中采取行动和解决问题的自由度如何？

（13）本领域有发展机会吗？

（14）什么样的个人品质或能力对本工作领域的成功来说是最重要的？

## 二、职业生涯规划的前期实践

### （一）职业生涯规划前期实践的意义

对学生来说，社会实践是他们受教育、长才干、充分发挥想象力和创造力，使自身更好地成长的重要渠道。

1. 拓展综合素质，做"适应型"人才

当前人才市场要求高校毕业生具有良好的综合素质，这是市场经济、知识经济和经济全球化发展趋势的要求，更是人才市场和职业发展的要求。社会实践是学生拓展自身素质的主要载体之一，能使学生通过实践磨炼意志、砥砺品格、发展个性、锻炼能力、自我教育、自我管理和自我设计，勇于承担社会责任，拓展自身的综合素质，使择业观和就业力得到双重完善，满足社会主义市场经济对人才的要求，成为"学历+素质+技能"的"适应型"人才。

2. 增加社会阅历，积累工作经验

社会阅历和工作经验是立足于职场中的决定因素，对于涉世不深的学生而言，社会阅历和工作经验都相对较少，但"自主择业"和"双向选择"的就业政策已把高校毕业生推向求职市场。社会阅历和工作经验是在校园里很难学到的，只有积极参加社会实践活动，培养个人的综合能力，提高就业力，缩短毕业后适应社会的时间，才能立足于社会大环境中稳步提升自己。"学以致用，贵在实践"，学生必须把自身所学应用到实践中，在实践中增长自己的知识和才干，最终将其升华为自身的阅历和经验，提升社会竞争力。

3. 培养吃苦耐劳精神，树立正确的创业观

当今创新创业已成为高等教育的重要组成部分，也是学生毕业后进入社会的

主要途径之一。在校期间进行创业实践，能激发学生强烈的求知欲和创业欲望，使学生勇于创业、乐于创业，不断激发个人潜能。在创业过程中，学生既能体验创业的艰辛，又能提高创新能力和实践能力，培养健全人格和良好个性，学会做人做事，最终实现增长知识、锻炼能力、提高素质、全面发展的目的。社会实践能帮助学生树立正确的创业观，且学生能在实践中不断完善和发展自己，为日后创业打下良好基础。

4. 增强适应能力，培养正确的择业观

学生通过社会实践能够树立市场意识，摒弃一些错误的观念，理解真正意义上的竞争，认识到和谐社会中的优胜劣汰，培养竞争意识。在社会实践中了解用人单位对人才的需求和要求，在大学期间努力提升自己的综合素质，在毕业时端正就业态度，避免好高骛远、定位错误，真正做到量能定位和量力就业。对于大多数高校毕业生而言，就业仍是毕业后的第一选择。通过社会实践，学生能提前得到社会化和个性化发展，了解社会、认知自我、准确定位，树立正确的就业观和择业观。社会实践有助于学生学会发掘自身潜能，以适应世界和时代的变化，增强生存能力。学生在就业过程中适应就业市场的要求，有利于在短时间内找到适合自己的岗位，实现初次就业，成功地迈出走向社会的第一步。

总之，社会实践是当代学生自我完善、尽快成长的必由之路。社会实践使学生对职业产生认同感，同时实现自我价值和社会价值。在实践活动中，学生可以用自己的聪明才智为社会服务，以自己的努力得到他人的认可。

## (二) 职业生涯规划前期实践的类型

1. 参加学生社团

每所大学里都活跃着很多社团组织。社团是为学生适应社会实践而服务的，是学生们展示自我的舞台，它已经成为一种独特的校园文化。丰富的社团活动，不仅能给学生提供施展才华的舞台，而且能让他们在活动过程中学习他人的长处和经验，从而锻炼自己。可以说学生社团是大学里最不可缺少的一道靓丽的风景线。但如何选择适合自己的社团，又该怎样处理专业学习与社团活动的时间分配等问题可能让学生们困惑不已。以下介绍一些选择社团的标准：

(1) 考虑自己的发展。

社团的种类多种多样,但并非所有的社团都适合自己。在选择社团时,首先考虑的应该是自己擅长什么和是否感兴趣。学生可以按照自己的特长与爱好,选择相应的社团。比如,有文艺特长的学生可以选择舞蹈社、动漫社等文艺类社团,比较喜欢与人打交道的学生可以选择外联部、新闻社等一些与校外交流比较多的社团。选择时需要明确自己想要在社团中学到些什么、做些什么,并制订实施计划。不要盲目选择、没有计划、不加思考,否则很难提高自己的学习和工作能力,既浪费时间又浪费精力。

(2)考虑多方因素和条件。

在选择社团时,一定要综合考虑多方因素和条件,并且考虑清楚后再做决定,切不可草率选择。一些学生匆匆忙忙选了一个社团,过了一段时间后觉得不适合,就很快放弃,结果什么也没学到,还浪费了时间和精力。

(3)以兴趣为导向。

参加社团组织固然好,但是社团活动和学习相比,学习更为重要。有的人觉得社团活动丰富多彩,很有意思,就参加了多个社团,整天都忙于各种各样的社团活动,根本顾不上学习。更有甚者会逃课去参加社团活动,严重影响了自己的学业,得不偿失。建议学生选择一两个自己最感兴趣的社团即可,毕竟学生还应以学业为主。

(4)以增进同学之间的相互了解为目的。

有的学生进入社团,目的性很强,就是奔着加分、荣誉称号去的;有的学生认为如果不参加社团,自己的经历太单调,将来的毕业简历内容不够丰富。如果是怀揣着这样的目的进入社团,那么也不会有太多收获。社团为学生提供了一个成长的平台,可以帮助学生提高自己的社交能力、实践能力、自制能力、生存能力等,还可以增进同学之间的相互了解,结识更多的新朋友。

一旦参加了某个社团,就必须要认真做好社团的每一项工作,坚持到底,不要把社团中的职务看得过重,要知道不论做什么工作都是很好的锻炼。

2. 参加社会实践活动

在学习之余,参加一些社会实践活动,是许多当代学生的必然选择,但怎样分配学习与社会实践的时间、应该选择怎样的社会实践活动,仍然是学生要重点解决的问题。有些学生由于没有妥善解决好这些问题,耽误了学业,最终得不偿失。

（1）争取合适的实践机会。

学生可以通过宣传栏、校园网、教师、同学、家长等多种渠道收集校内外的各种实践信息。勤工俭学是指高校组织学生参加校内助教、助研、助管、校办产业的生产活动和后勤服务及各项公益劳动，并让学生从中取得相应报酬的助学活动。这项活动是资助学生，特别是贫困学生的有效办法，对于学生而言，参加勤工俭学不仅可以解决经济上的困窘，也是直接有效锻炼自己的方式。

（2）全面审视校外实践。

如今，学生参加社会实践活动已经成为普遍现象，这对学生而言，既有积极的影响，也有消极的影响。学生参加社会实践活动，应该明确自己的目的，是为了开阔视野、适应社会、学会独立、解决经济困难，还是为了专业实践，或者两者兼而有之。只有明确了目的，正确处理社会实践和学习的关系，才能够在实践中有所收获。否则，一心为了赚钱，就失去了社会实践的意义。由于学生缺乏社会阅历和工作经验，一些不良公司和个人就利用他们急于寻找锻炼机会的心理，专门设计一些骗局，导致学生在社会实践中被骗的现象屡屡出现。因此，学生参加校外社会实践要谨慎行事，一方面可以多咨询教师和家长，另一方面，自身也要增强自我防范意识和自我保护能力，并学会用法律的手段保护自己，维护自己的正当权益。

（3）踏实做好社会实践。

只有珍惜每一个实践机会，踏踏实实做好每一件事，才能收获更多。有一些学生，参加过不少社会实践，但是却没有什么收获，也没有多大意义，是在浪费时间。学生在参加社会实践时，应该以积极主动的心态做好每一件事，从顺利完成每一个任务做起，自己才能真正得到锻炼。并且要学会做社会实践总结，可以让自己明确取得了哪些收获，得到了哪些经验教训，哪些是成功的，哪些是需要改进的，在以后的学习、工作中扬长避短，这样才会有更多的收获。

3. 参加专业实习

专业实习是一种围绕专业知识开展的社会实践活动。它将课堂的内容运用于社会实践，可以使学生加深对知识的吸收、理解和巩固，也可以促进学生在实践中不断完善知识结构，提高解决实际问题的能力。专业实习包括的范围很广，如学校组织的专业见习、到相关企业单位的实习、与专业相关的各类社会调查活动、正规的专业技能比赛等。这些活动对学生提升职业技能、实现成功就业都很有帮助。

第一，专业实习可以帮助学生完善专业技能，增强动手能力。当前，我国大部分高校给学生在校期间安排的学习都是以理论学习为主，学生获得的实践操作机会相对有限，而专业实习可以解决这个问题。在实习单位，学生可以在相关人员的指导下，亲手操作，从而把抽象的理论转化为实际技能，提高自己的专业能力。

第二，专业实习可以帮助学生了解职业与行业，确认喜欢或擅长的职业。了解职业与行业最直接的方法莫过于亲自做这份工作。在实际操作过程中，学生可以确定自己是否喜欢这份工作，自己能否胜任，从而确立自己的职业目标，有针对性地提高自己的职业技能，为从学生角色向职业人角色转变做准备。

第三，专业实习可以帮助学生增加求职的竞争优势，所有用人单位都重视应聘者是否有所应聘职位相关的实习经验。因此，如果学生在校期间有相关的实习经验，找工作时会有很大的优势。而且不少公司会挑选实习中的优秀者留下来成为公司的正式员工。对于招聘公司来讲，实习是他们考查学生能力的一种重要手段。

鉴于专业实习对于学生的重要意义，每个学生都应对实习有所规划，对是否需要实习、到哪里实习、在实习中提升哪些职业素养要做到心里有安排，在实习中也要坦然面对自己遇到的困难。如果可能的话，请实习公司为你的实习经历写一份实习评估或评价，这种来自实习单位的评价，对学生未来的求职会有很大帮助。

## ◎ 参考文献

[1] 田艳平，冯国帅．城市公共服务对就业质量影响的空间差异 [J]．城市发展研究，2019，26（12）：122-129.

[2] 赵健．大学生职业定位分析方法研究——以食品科学与工程专业学生为例 [J]．学校党建与思想教育，2019（03）：71-74.

[3] 刘永贵，李亚群．大学生职业生涯与发展规划 [M]．北京：科学出版社，2019.

[4] 程欣，吕久燕．大学生职业生涯规划与就业创业教育 [M]．北京：北京邮电大学出版社，2017.

[5] 何欣．大学生职业生涯规划与就业指导 [M]．武汉：华中科技大学出版社，2019.

[6] 桂舟，张淑谦．大学生职业发展与就业指导（第2版）[M]．北京：清华大学出版社，2018.

[7] 喻艳．大学生学业与职业生涯规划指导 [M]．西安：西安电子科技大学出版社，2018.

[8] 张莹．如何进行职业生涯规划与管理 [M]．北京：北京大学出版社，2006.

# 第四章 职业生涯规划的阶段管理

## 第一节 求职阶段的准备管理

### 一、心理准备

心理素质是求职者面试成败的关键因素之一。心理准备是求职择业过程中重要的准备工作，直接影响求职择业过程中个人水平的发挥。在求职择业的过程中，求职者面对的是陌生的环境、陌生的人以及未知的问题，难免感到紧张和焦虑。此时，只有树立正确的就业观念，具备健康的择业心理以及正确对待失败的心态，才能使求职者在求职道路上应付自如。

#### （一）树立正确的就业观念

1. 竞争就业观

目前，学生的就业压力大，只有树立正确的就业观念，才能合理择业。

第一，要有竞争意识。全国每年有数百万乃至千万的高校毕业生就业，再加上国外留学归国就业的毕业生，就业市场的压力剧增。同一个岗位会有多个求职者，若想获得理想的工作就必须与其他求职者竞争，如果缺乏竞争意识将难以顺利就业。

第二，要培养竞争实力。竞争实力是综合素质体系的一部分，包括思想素质、心理素质、知识结构、能力水平、实践技能、应聘技巧等，这都是个人竞争的"资本"。所以学生要练好"内功"，凭借自身实力赢得用人单位的肯定。

第三，要保持良好的竞争心态。参与就业竞争的学生，要保持良好的就业心态，增强接受失败的心理承受能力。当在求职道路上受挫时，应积极设法寻求新的机遇，努力争取下一次就业竞争的成功，逐步实现自己的职业理想。

2. 自主就业观

学生要主动求职择业，通过多渠道获取就业信息，经过信息筛选后确定合适的应聘单位，准备好材料，积极应聘，态度要积极，不要放过任何一个适合自己的工作机会。

3. 动态就业观

就业是一个动态过程，就业后也可能会失业。要通过合理流动，找到最适合自己的工作，发现最能施展自己才华的岗位。因此，学生要树立动态的就业观，积极参与竞争，实现自己的人生目标和人生价值。

### （二）具备健康的择业心理

健康的择业心理包括恰如其分的职业期望，期望越高，实现起来越困难，失败的可能性也就越大。因此，确定适合自己的就业期望水平是择业心理准备的重要内容。择业心理主要受以下四大因素影响。

1. 择业目标的适当性

一个人的择业目标要与本人具备的实力相匹配，这样就会增强择业目标实现的可能性。

2. 社会压力和从众心理

学生处在择业的洪流中，其期望水平会受到其他择业者期望水平的影响。此外，虚荣心和侥幸心理也会使他们改变原有的自我期望而采取不切实际的从众行为。

3. 妄自菲薄和盲目自大的情绪

妄自菲薄是典型的自卑情绪，往往导致求职者的期望水平过低，放弃择业的自主权，听天由命。盲目自大是典型的自傲情绪，往往导致求职者的期望水平居高不下，屡战屡败，筋疲力尽，失去最佳求职机会。

4. 心理承受能力和忍耐力

求职择业的过程不可能是一帆风顺的，择业过程非常漫长。在这种情况下，求职者要有一定的心理承受能力和忍耐力，临危不乱，遇难不退，镇定地赢得时间、争取机会。

（三）正确对待失败

毕业生初出茅庐，社会知识匮乏，社会经验不足，求职技巧生疏，遭遇失败是很正常的事情。毕业生应正确认识挫折，寻找战胜挫折的方法。首先，在努力提高求职竞争力的同时，也要合理地认识自己取得的成绩；其次，还要争取他人的支持和帮助。

【案例】

毕业生小刘的学习成绩和其他方面条件都不错，他在就业的初期满怀信心。但由于专业冷门等原因，他找过几家单位都碰了壁，结果产生了自卑感，在后来的择业过程中表现越来越差，陷入恶性循环而不能自拔，以至于到了新的用人单位，只能被动地询问"学某某专业的要不要？"其他什么话都不敢讲，最终未能落实就业。

## 二、知识和能力准备

知识和能力准备是学生自身条件的准备，同时也是用人单位选择人才的重要依据。认真做好求职择业的知识和能力准备，加强自身硬件条件的建设，是求职择业的重要筹码。

（一）知识准备

1. 专业知识准备

学生的专业知识是求职择业的最大资本，一般情况下，专业知识优秀的学生更容易找到理想的职位。对于用人单位来说，在选择求职者的时候，专业的

"专"是用人单位会重点考虑的内容。所以学生应该从进校起就努力学好专业知识，既要提高自己的实践技能，还要不断学习本行业的最新知识。

2. 非专业知识准备

非专业知识是对学生所学专业知识以外的其他知识的统称，它也是用人单位选拔人才的重要依据。非专业知识的覆盖面很广，主要包括公共知识、生活常识、社交礼仪、求职面试技巧等，这类知识除了可以从书本中学习，还可以在日常的学习和生活中积累。

## （二）能力准备

1. 实践能力准备

用人单位一般对学生的实践能力有较高的要求，学生的实践能力直接影响到工作能否顺利完成。学生应该创造并珍惜每一次的实践机会，多看、多学、多练、多思考，培养自己的实践能力。

2. 沟通与协作能力准备

沟通与协作能力主要考察一个人在团队中是否可以很好地与他人合作相处，从而发挥出自身的最大作用。在当今社会中，一个项目、一项事业能否成功，依靠的不再是一个人的个人能力，而是团队的力量。沟通与协作能力要求一个人在团队中首先做好自己的事情，然后要信任他人，包括信任他人的工作能力、工作方式等。

## 【案例】

小胡参加了学校举办的一次大型招聘会，以出色的表现和优异的成绩征服了一家国内知名企业，成功取得了面试机会。面试的人被分成 3 个小组来回答面试官的问题，小胡觉得要脱颖而出就必须积极表现。因此，在面试官提问时，他总是抢在别人前面，比别人多说两句。面试官问："如果在工作中与同事发生分歧时，你会怎么办？"没等其他面试者说话，小胡就抢先回答："如果觉得自己的观点是正确的，就坚持自己的观点，不要被其他人的思想所左右。"一个星期后，小胡收到通知，被客气地告知不需要参加复试了，因为公司觉得他不注重团队合作精神，急于表现自己，不是他们企业所需要的人才。

### 3. 表达能力准备

表达能力包括语言表达能力和文字表达能力。语言和文字是人与人之间的主要交流工具，在日常的学习、工作和生活中起着不可替代的作用。一般情况下，用人单位对学生表达能力的基本要求是能用准确、流畅的语言讲述事实、表达观点，能够撰写计划、总结、调查报告、公函等文书。因此，学生应根据自身的具体状况，有针对性地做好相应的准备，锻炼并提高自己的表达能力。

### 4. 逻辑思维能力准备

逻辑思维能力是指能对事物进行正确、合理思考的能力。用人单位经常会以笔试形式考查应聘者的逻辑思维能力——其重点不是考核逻辑专业知识，而是考核应聘者对各种信息的理解、判断、分析、综合、推理等日常工作和生活中的逻辑思维能力。

### 5. 决策能力准备

决策能力是指独立处理问题的能力。良好的决策能力对于处理问题非常重要，在就业活动中，决策能力往往也是用人单位考查应聘者的一个重要方面。

### 6. 应变能力准备

应变能力可以理解为处理突发事件的能力。在紧急情况下，如果事态得不到迅速控制，后果将不堪设想，这就要求应聘者应该具备一定的应变能力，面对突发状况要临危不乱、快速决断。在就业活动中，部分用人单位由于工作需要会针对应变能力提出一些问题，或设计一些和应变能力相关的场景，因此，学生对此应该给予必要的关注。

【案例】

　　小李到一家公司面试，与主考官一握手就感觉到这是一位十分老练的主考官：他的手指冰凉、手掌僵硬，握手仅是轻轻一碰，手指头都没有弯曲。果然，小李刚坐下，主考官便按部就班地从自我介绍、对职位的认识等问题开始询问，十分专业严谨，小李做好了打持久战的准备。但过了几分钟，主考官的手机突然响了起来，在挂断电话后主考官的脸色骤变，不复刚开始的沉稳，显得有些焦急。小李发现了主考官的情绪变化，但她并没有把这一细节放在心上，正好主考官问了一个她准备得十分充分的问题，她便口若悬河、滔滔不绝地讲了近 10 分钟，当她还想继续讲下去的时候，主考官粗鲁地打断了她的讲话，让她另谋高就。

## 三、信息准备

随着信息时代的到来，信息在人们生活中的地位越来越重要，就业竞争在一定程度上可以看作是搜集信息能力的竞争。谁掌握的信息多，谁就能在竞争中获取更多的机会。

### （一）招聘信息的获取

1. 各类就业求职网站

通过互联网求职方便快捷，信息量大，不受时空的限制。从互联网获取就业信息的渠道主要有国家各个部门举办的就业网络平台，各省市的人才就业网站，各大用人单位的官方网站，各类求职网站，各类专业人才需求网站等。

2. 校园招聘会和就业指导机构

校园招聘会和学校的就业指导机构是在校学生获取求职信息最方便有效的渠道。各大高校均设有专门的就业指导机构，这个机构不仅与各级主管学生就业工作的部门保持着广泛而密切的联系，还与社会上的用人单位建立了良好的协作关系。从每年的 9 月开始，各种有招聘计划的用人单位就会分期分批地进驻各大高校，开展针对应届毕业生的招聘活动，并将其需求信息发布于高校的就业信息网上，此类求职信息往往更具有针对性和真实性，毕业生应聘的成功率也会更高。

3. 社会招聘会

社会招聘会比校园招聘会的规模大，工作机会也会更多。每年从 10 月开始，各级政府部门都会在指定地点举办多场人才招聘活动，如双选会、大学生专场招聘会、教师专场招聘会等，为毕业生提供了丰富的就业信息和与用人单位面对面交流的机会。因此，毕业生应积极参与各种社会招聘会，尽可能地增加自己搜集就业信息的机会。

### 4. 人脉关系

个人信息获取的渠道是有限的，家庭和个人的人脉关系分布于社会的各个领域和多个层面，通过此方式搜集到的就业信息更加准确可靠。目前很多用人单位为节约招聘成本、提高筛选效率，会通过内部员工推荐应聘者的方式来招聘员工。因此，毕业生可将自己大致的求职目标告知家庭成员、老师、同学等，以获取更多的求职信息和面试机会。

【案例】

　　某毕业班学生小王，他所在的班级被安排到外地实习两个月，正当班上其他同学都在准备未来两个月的实习时，小王却在准备别的事情。他先找到不随同实习的班主任，拜托班主任如果有合适的单位帮忙推荐，并留下了几份自荐材料。然后他又去学校就业办公室，请办公室的老师将重要的信息时及时通知他。接着，小王还找到一个师弟，请他帮忙在学校的就业信息中栏看到重要的招聘信息时通知他。最后，他仔细查询了即将离开的两个月中各地人才交流会的信息，并根据实际情况做了安排。一切准备就绪后，小王便安心去实习了，在实习期间他参加了几个单位的面试，实习结束后他的工作也落实了。

### (二) 招聘信息的内容

#### 1. 用人单位的需求信息

在求职信息中首先需要关注的是用人单位的人才需求信息，要了解用人单位的什么岗位在招聘人才，在学历、技能、性别、经验等方面都有什么样的要求和规定以及这个岗位是否适合自己等。如果岗位要求与自己的能力不匹配，与自己的兴趣相差甚远，那就不用再考虑该岗位。

#### 2. 用人单位的基本情况

对岗位有了一定的了解之后，可以进一步通过多方面搜集信息，对企业的性质、规模、发展历史、主要业务领域、未来的发展战略、组织构成、文化理念等方面进行初步了解，同时还可以通过相关论坛和新闻，发掘一些外界对该企业的评价。

### 3. 工作环境和时间

对于用人单位的地理位置、工作环境以及岗位所要求的工作时间等信息要提前了解清楚。具体包括：是在室内还是在室外工作，办公地点的具体位置，工作环境是否符合《中华人民共和国劳动法》所规定的劳动保护条件，是否需要经常出差和加班，节假日是否能正常休息等。例如，对于地理位置而言，虽然从短期来看，地理位置并不是十分重要，但如果想要在一家单位长期发展，这就是不得不考虑的问题。

### 4. 薪酬福利待遇

对于薪酬部分，要关注单位给予薪酬的范围。是否会有五险一金？是否有其他福利项目保障？薪资的基础和绩效部分如何计算，是否有附加条件？行业内同等职位的薪酬大致是什么水平？权、责、利是否对应？……诸如此类的问题应提前了解，以免最终签合同时才发现单位给予的待遇无法接受。

## （三）招聘信息的处理

### 1. 去伪求真，有效筛选

面对众多的招聘信息，要进行有效的筛选和处理。结合自己的实际情况对信息去粗取精，去伪求真，有方向、有条理地进行整理和分析，使获得的信息更具准确性和有效性。筛选信息可以依照真实性、时效性、价值性三个标准进行，通过分析已经获取信息的具体情况依次对信息进行筛选，这一过程有赖于学生对自我的客观评估以及对信息的合理分析。

### 2. 善于对比，把握重点

信息具有开放性和时效性，在筛选信息的时候，要将与自己有关的信息按重要程度进行排序和标注，一般信息仅作参考。部分求职者会将时间浪费在众多的一般信息上，主次不分，导致自己错过良好的机遇，可能会在求职过程中多走很多弯路，耗费过多的精力。

### 3. 了解透彻，充分利用

对招聘信息的充分利用，主要表现在求职者可以根据招聘信息调整自己的求职策略。对于重要的信息要寻根究底，争取对目标单位的历史、现状、未来等方面有清晰的整体认识。求职者详细掌握了这些材料，就能在随后的面试中趋于主动，从众多应聘者中脱颖而出。

4. 求证归整，做好准备

对于筛选过的招聘信息，还需要进行信息求证。可以通过电话、网络、实地访问等方式来了解用人单位的各方面情况，修正和补充相关信息，以此验证所筛选信息的真实性和时效性。经过筛选求证后，需要进一步对所有信息加以归整和分类，防止遗漏，以便对所有信息进行检索和查阅。

【案例】

小赵是某高校生物与工程专业的研究生毕业生，听别人说现在的电力行业收入高、福利好，加上父母对其求职的影响，小赵决定将求职方向定位在大城市的供电局。但在人才市场上他难以觅得供电局招聘的职位，家人也托人搜集相关信息，却始终没有回音。由于小赵仍执意要进供电局工作，以致错失了许多就业机会。

## 四、材料准备

求职材料是广大毕业生与用人单位取得联系最常用的办法之一。在求职择业的过程中，求职材料具有举足轻重的作用，推荐、面试、录用都离不开它，求职材料的好坏直接影响着学生能否成功就业。求职材料主要包括简历、求职信和求职辅助材料。

### （一）简历

1. 简历的基本内容

简历不一定要华丽炫目，但一定要能呈现出用人单位所关注的内容，让用人单位通过简历对求职者有较为全面的了解和认识。对于毕业生来说，无论是中文简历还是英文简历，都应该包括个人最基本的信息和与申请职位相关的信息。通常情况下，简历应包括以下基本内容：

个人信息（Personal Information）、求职意向（Job Objective）、教育背景

（Education or Academic Background）、实习或工作经历（Professional Experience）、项目经历（Project Experience）、社会实践（Extracurricular Activities）、获奖情况（Honors and Awards）、英语、IT 技能（English and IT Skills）、其他个人信息（Other Information）。

建议毕业生按照以上各项内容来撰写简历。每位求职者可以结合自己的背景和特点，对相关内容的顺序做相应的调整，将重要的、能突出自己的优势的、与职位紧密相连的内容往前排，不重要的内容往后排或从简历中剔除掉。最重要的是突出自身优势、紧密结合岗位需求，以此赢得用人单位的青睐。

2. 简历的制作原则

优秀的简历各有千秋，想要赢得用人单位 HR 的青睐，在简历制作时应遵循简洁性、真实性、针对性和独特性四大原则。简洁性是简历发挥有效性的基础，真实性是诚信的体现，针对性是求职者和岗位准确匹配的保障，独特性是简历显得与众不同、脱颖而出的关键。

（1）简洁性原则。

所谓简洁性包含了内容简洁和版式简洁两方面。在内容上并非越长的简历越能说明经历丰富、能力强，而应该用简洁的话语描述个人经历的同时突出重点，切勿长篇大论。在版式上要做到版面清晰，规范大方，以此来给阅读简历的 HR 留下良好的第一印象。

（2）真实性原则。

不要试图编造实习经历或工作经历，谎言不会让你走得太远。大多数的谎言在面试过程中就会被识破，更何况许多大公司在聘用求职者前会根据简历和相关资料进行背景调查。坚持真实性原则并非要把自身的缺点和不足和盘托出，可以选择突出哪些内容或忽视哪些内容，优化不等于掺假。

【案例】

小王没有想到他在简历中写上自己擅长英语会给自己带来这么多的麻烦，其实，他只是想说自己在学校里的英语学得比较好罢了，他确实也是班级里英语学得较好的一位。可是没有想到这个五星级大酒店的人力资源部经理还跟他较上了劲，非要和他用英语对话不可。他一下蒙了，后悔自己在

"特长"一栏中写上了那句话。无论这次面试是否成功，还可以争取下一次机会，但其中的尴尬让小王难受了很长一段时间。

（3）针对性原则。

假如 A 公司要求你具备相关行业经验和良好的销售业绩，你在简历中清楚地陈述了有关的经历和事实并且把它们放在突出的位置，这就是针对性。

（4）独特性原则。

用人单位每天可能会收到成百上千份不同的应聘简历，毕业生们若想从茫茫简历中脱颖而出，获得对方的青睐，就需要简历能体现出自身的独特性，无论是实习经历还是校园活动经历，都要突出自身的亮点和特色，展现过人之处，这样更容易获得用人单位的注意。

3. 简历的撰写技巧

在撰写简历时，应聘者需要结合公司对于该岗位的能力需求，在内容描述时充分展现自己与该岗位的匹配度。一般情况下，公司关注的应聘者的通用素质与能力大体包含职业相关技能、沟通能力、分析能力、团队合作精神、抗压能力、组织协调能力等。有些学生为了体现自己的素质与能力，往往会在简历末尾添加一段自我描述。例如：

　　　自我描述：本人个性开朗，适应能力强，有着很好的沟通能力和团队协作能力，也在实践中锻炼了组织能力和策划能力，真诚地期待贵单位能够给我一个机会。

这种方式并不可取，往往有"王婆卖瓜"之嫌。那么如何在简历中展现自己的基本能力呢？这就需要应届毕业生们在简历内容中，尤其是在描述自身实习经历或实践经验时注意使用以下技巧：

（1）关键词说话。

HR 浏览一份简历的时间平均不超过 30 秒，在这么短的时间内，HR 对于简历一般先进行一个概览，将视线集中在一些关键词上面，这些关键词往往体现了公司对于人才的需求。例如，如果你应聘的是医药销售代表的职位，HR 可能会对简历中的"医药""销售"和"市场影响"等关键词较为敏感。所以在写简历前，应聘者应该针对应聘的职位、公司乃至行业，在简历中突出与岗位匹配的关键词，才能吸引 HR 的眼球。

（2）行为动词说话。

在描述实习经历和其他社会实践经历时，应聘者需要在简历中把自己做的事情用清楚详细的、表示动作的词语（即行为动词）叙述出来，这样既可以增强事情本身的可信度，又可以通过行为动词体现应聘者组织、协调、管理等各方面的能力。

（3）数据说话。

写简历时一定要善于挖掘自己所有经历中能够用数据说话的部分，因为相对于大段的文字描述，有数据的经历描述看起来更真实，数据也能让 HR 更精确地感知应聘者的程度和水平。例如，大部分学生都会在简历中强调自己成绩优异，但如果能在 GPA 一栏中加上"年级前 5%"这一数据，该学生成绩优异的事实就显而易见了。因此，凡是能够用数据体现你的成就、优势部分，一定要大胆地使用数据来表达。

（二）求职信

求职信也叫自荐信，它是集自我介绍、自我推销和求职行动计划为一体的文字材料，它总结归纳了个人简历，突出了求职者背景材料中与招聘单位最有联系的一部分。求职信通常附在简历前与简历一起使用，与简历有同等的重要性。如果一份简历没有求职信，如同推销员在顾客面前还没有进行自我介绍就递上了产品说明书。有许多招聘者以求职信来衡量对求职者的第一印象。因此，求职者应认真并精心地准备求职信。

1. 求职信的基本内容

（1）标题。

求职信的标题要醒目、简洁，通常写在正文正中上方，可直接以"求职信"或"自荐信"作为标题。

（2）称呼。

在求职信的开头要注意收信人的称谓，对不同的用人单位要注意用不同的称谓，可使用通用称谓如"尊敬的××先生/××女士/××经理"等。

（3）开头。

在开头部分可以简要说明求职信息的来源和想要应聘的工作岗位，如"您好！我从我校的就业指导网上看到了贵公司的招聘信息，对××一职十分感兴趣，拟应聘此职位"。

（4）主体。

这是求职信的中心部分，可以先讲自己求职的理由、目标，说明你的意愿。然后可以简明扼要地介绍自己，重点是介绍与应聘岗位相关的学历水平、实践经历、成绩等。同时也可以表达自己对用人单位的认识，如对企业文化或价值观的认同，点到为止。

（5）结尾。

求职信的结尾通常是进一步强调求职的意愿，表达求职的诚心，力求获得一次面试的机会。同时也要用简短的语言表示对用人单位的谢意或祝愿。

（6）落款。

最后落款时，应按照书信格式写上"此致""敬礼"，并署上自己的名字和日期。

2. 求职信的撰写技巧

一封好的求职信，无论在形式上还是内容上都必须给用人单位留下好的印象。在求职信的撰写中，需要掌握以下技巧：

一是语气自然。语句要简单明了，直截了当，所用词语要生动，态度要真诚，不能出现一些令人费解的词语或句子，语气要正式但不能僵硬。

二是通俗易懂。求职者要考虑阅读者的知识背景，切忌使用生僻词语或专业术语，以免人事经理对自己看不懂的东西失去兴趣。

三是言简意赅。在重点突出、内容完整的前提下，尽可能简明扼要，切忌面面俱到，过于冗长且缺乏重点的求职信容易引起招聘人员的反感。

四是具体明确。不要使用模糊、笼统的字眼，多使用实例、数字等具体说明。例如，"我设计的某 APP 为公司创收 50 万元"会比"我设计的某 APP 为公司创收颇丰"更具说服力。

## （三）求职辅助材料

在求职的前期准备过程中，除了需要精心准备简历和求职信以外，还有一些辅助材料的准备也需要引起重视。这些辅助材料也可以称为求职档案，是对求职者技能和成绩的证明，其目的是进一步向雇主推销自己，同时证明简历中内容的真实性。具体的辅助材料可以包含以下内容，每位学生可根据自身的实际情况进行准备：①成绩单；②荣誉证书或获奖证书；③资格证书，如英语资格证书、职业技能资格证书等；④公开发表的文章或作品；⑤参与的课题研究、论文、报告等；⑥实习证明；⑦培训证书；⑧个人设计作品，如艺术设计作品、网络设计作品等；⑨推荐信；⑩个人技能成果展示如乐器等级考试、书法比赛、体育比赛等证书。

以上材料可以集中反映一个人在某一方面或某几方面的能力和水平，认真搜集、整理、编排上述材料的复印件是制作求职材料不可缺少的环节。证书较多的学生要有选择性地编排，突出重点，而证书较少的学生要尽量搜集完整。

## 五、笔试准备

笔试是一种相对初级的招聘甄选方式，是用人单位采用书面形式对求职者所掌握的基本知识、专业知识、文化素养和心理健康等素质进行的综合考察与评估。目前，笔试对应聘者来说是相对公平的一种测试方式，越来越多的用人单位将笔试作为面试前的第一轮甄选手段。

### （一）笔试的种类

#### 1. 专业考试

进行专业考试的目的主要是检验求职者的专业知识水平和相关实际能力。一般用人单位在接收毕业生时，可通过在校成绩单大致了解其专业知识水平，但有些专业性要求较高的用人单位需要通过笔试对求职者的专业水平进行进一步考核。

#### 2. 心理测试

心理测试是用事先编制好的标准化量表或问卷要求应试者完成，根据完成的数量和性质来判断其心理水平的测试。通过心理测试，用人单位可以了解求职者的态度、兴趣、动机、智力、个性等多项心理素质，还可以考察求职者的观察能力、综合分析能力以及逻辑思维能力等。

3. 技能测试

技能测试主要考查求职者的实践能力和动手能力，如考查操作和使用计算机的能力、英语对话和阅读能力以及经济、法律、驾驶等方面的能力。

4. 命题写作

这种考试的目的在于考查应聘者的文字表达能力以及分析归纳能力和逻辑思维能力。比如限时写出一份会议通知、请示、报告或者一份工作总结，也可能是提出一个论点要求予以论证辨析。

5. 综合能力测试

综合能力测试兼有智商测试，但程度更高。比如应试者要在规定的时间内对一组数据、资料进行分析，找出合理的地方和存在的问题，并设计出相应的解决问题的方案。这是对应试者的阅读理解能力，发现、分析和解决问题的能力，知识面等素质进行的全方位考核。

## （二）笔试前的准备

1. 平时认真学习

良好的笔试成绩来自平时的努力学习和积累。学习的内容不仅是专业课程和基础知识，还应包括课外知识的学习和积累以及对社会信息的了解。

2. 进行必要的复习

复习是重要的考前准备工作。从考试准备的角度来看，知识可以分为依靠记忆掌握的知识和依靠应用掌握的知识，用人单位往往比较重视求职者对所学知识的应用能力。一般来说，笔试有大体的考察范围，求职者可围绕这个范围查阅有关的图书资料，有针对性地进行复习，灵活运用所学知识解决实际问题。

【案例】

某化妆品公司招聘营销策划人员，营销与策划专业毕业的她的对该职位向往已久，而要想进入面试，笔试必须取得好成绩。为此，小程专门研究了该公司的相关产品情况，还学习了一些著名的营销案例。笔试当天，当小程看到笔试题目是为该公司新推出的一款防晒霜写策划方案时，她的脑海中立即浮现出各种方案和营销技巧，很快就将方案完成了，最终取得了笔试第一名。

### （三）笔试的技巧

**1. 增强信心**

笔试时怯场，大多是缺乏信心所致。要客观冷静地对自己进行正确的评估，克服自卑心理，增强自信心。临考前，一是要适当减轻思想负担，二是要保证充足的睡眠，三是要适当参加一些文体活动，使高度紧张的大脑得到放松，以饱满的精神去参加考试。

【案例】

医学院临床医学系的学生小陈，在参加儿科医院的笔试考试时因为太过紧张，将题目中的新生儿凝血症错看成新生儿溶血症，结果所答非所问，失去了进入下一轮面试的机会。

**2. 临场发挥**

提前熟悉考场环境，提前了解考试注意事项，有助于消除应试时的紧张心理。除携带必要的证件外，一些考试必备的文具也要准备齐全。

**3. 科学答卷**

拿到试卷后，首先应通览一遍，以便了解题目的数量和难易程度，根据先易后难的原则合理安排答题时间和答题顺序。在遇到答题量较大的综合题或论述题时，应先列出提纲再进行逐条论述。

### 六、面试准备

对于求职者来说，面试是一次机会，更是一场考验。有些求职者参加一次面试就获得了成功，而有些人却屡屡失意。失意者中有很多人在面试前没有做好充分的准备，面试后也没有进行详细的分析。实际上，面试并不是无章可循的，在某种程度上，它是一门艺术。了解面试的要求，做好充分的准备，同时通过训练掌握面试技巧，在面试时尽力展现出自己的风采，是求职者走向成功的通行证。

## （一）面试前的准备

1. 准备一份简历

一般来说，面试官最关心的是应届毕业生在校的获奖项目、所担任的职务、社会实践活动和各种技能证书。因此，在准备材料时，要把这些作为重点，还可以把有关的旁证材料一同附上。

2. 详尽了解用人单位和应聘岗位

除写好简历外，还需对用人单位和应聘岗位的基本情况进行了解，特别是用人单位的人事制度、企业文化和所应聘岗位的工作内容、岗位要求、工作职责。因为在面试中，面试官一般会让求职者谈谈对岗位的看法和对工作的设想，只有对这些有一定的了解并分析出自己的强项和弱项，才能扬长避短，明确自己对岗位的看法等。

3. 进行自我形象设计

应聘者面试时给面试官的第一印象非常重要，这在一定程度上决定了面试结果。大体来说，面试的着装应与单位性质、文化相契合，与职位相匹配。不论去什么单位，着正装不仅显得正式大方，而且对别人也是一种尊重。面试服装应以大方简洁为主，男士宜穿西装，女士宜穿裙装套装或裤装套装，同时注重衣着服饰的细节。

4. 演练面试时的肢体语言

在面试者给人的印象中，肢体语言占据的比例最大。因此在面试前不妨演练一下，注意以下这些小细节：仔细聆听，面带微笑，措辞严谨，回答简洁明了，精神面貌积极乐观，这些丰富的肢体语言和恰当的语音语调，势必会使你的面试锦上添花。

5. 保持良好的心态

心态对于面试来说非常重要。紧张的心态会抑制思维的活力，放松而平静的心态有助于求职者发挥出真实水平，甚至还会创造性地应答预料之外的问题。面试前保持放松首先要正确分析自我，根据自身的特长，选择适当的岗位，保持积极主动的择业心态，敢于竞争、敢于自荐，增强心理承受能力；其次要有充足的睡眠，保持清醒的头脑，以良好的心态从容应试。

6. 进行模拟面试

在做好前几项面试准备以后，最好进行一次模拟训练。学生应积极参加学校组织的模拟面试活动，锻炼自己，积累经验，学生之间也可以相互交换扮演角色进行演练，以适应面试环境气氛。

【案例】

　　　即将步入社会的学生小李，口才甚佳，在学校拿过多次演讲比赛的冠军。对于面试时的自我介绍，她自认为不在话下，所以没有准备。毕业后，小李结合自己的兴趣，向心仪的一家企业投递了简历和求职信，很快接到了面试通知。进入面试室后，考官首先请她做个三分钟左右的自我介绍，由于没做准备，小李只能十分简短地介绍了自己的姓名、身份，又磕磕巴巴地补充了一些自己的学历、工作经历等情况，大约一分钟就结束了自我介绍，然后望向考官等待下面的提问。考官询问小李是否还有需要补充的内容，小李马上说："没有了。"这次的面试只好草草收场。

## （二）面试的内容

### 1. 个性特征

这是指对应聘者的外貌、言谈举止、性格特征等方面的考查。研究表明，仪表端庄、衣着整洁、举止文明的人一般做事较有规律，注意自我约束，责任心强。

### 2. 专业知识水平

通过专业知识水平问答可以了解应聘者掌握专业知识的深度和广度，以及其专业知识是否符合所要录用职位的要求，作为对专业知识笔试的补充。面试中对专业知识的考查更具灵活性和深度，所提问题也更接近空缺岗位对专业知识的需求。

### 3. 工作能力水平

工作能力水平主要包括综合分析判断能力、逻辑思维能力、语言表达能力、人际沟通能力、求职动机与拟任职位的匹配性、灵活应变能力六大方面，这是对应聘者能力的全面考核，也是整个考核中占比较大的一部分。

### （三）面试的形式

#### 1. 电话面试

为了节约时间，一些企业在进行过简历筛选后，通常采用打电话的方式进行首轮面试。电话面试的时间一般在10—30分钟，其主要目的是核实应聘者的相关背景、语言表达能力。一般情况下，面试官会让应聘者做简要的自我介绍，并根据简历对应聘者的教育及工作经历进行核实，从而判断应聘者是否具有符合招聘职位要求的素质能力。通常情况下，电话面试的淘汰率不高，但应聘者在电话面试时，一定要注意保持冷静，避免紧张，保持有效的沟通，注意电话礼仪，给对方留下良好的印象。

#### 2. 视频面试

视频面试是指用人单位与求职者足不出户，利用电脑摄像头和耳麦，以视频、语音、文字的方式进行即时沟通交流的招聘和面试行为。传统的招聘是求职者到达用人单位所在地与用人单位进行面对面沟通，而视频面试可以让用人单位直接与远方的求职者进行面对面沟通，一般不会出现求职者因为距离问题而放弃面试的情况。目前，越来越多的用人单位和求职者不愿长途跋涉参加各类招聘会，而视频面试通过异步视频就可以使双方达成统一意向，节约求职及招聘的成本。

#### 3. 无领导小组面试

无领导小组面试时一般采用情景模拟的方式对应聘者进行集体面试，通常由5—10名应聘者组成一个小组，面试官给定一个需要解决的问题后作为观察员进行观察，小组成员以讨论的方式，通过观点的交流和思想的碰撞，最终共同得到一个问题的解决方案。无领导小组面试的内容可能是实际商业背景中的真实案例，也可能是虚拟情景，有时也会是一项集体游戏。在无领导小组讨论的过程中，面试官通过观察，对应聘者分析问题的能力、解决问题的能力、沟通能力、团队协作能力、领导力及语言表达能力等进行综合评估。

4. 评价中心面试

评价中心面试是一种包含多种测评方法和技术的综合测评模式。评价中心面试主要通过无领导小组讨论、公文筐、角色扮演、个人演讲等情景模拟形式，加上一些传统的测试方法，对人的知识、能力、个性、动机进行测试，使得企业可以全方位地了解应聘者的综合能力。目前许多外企都采用此项综合性人才测评的方法来挑选人才，参与评价中心面试的求职者可能需要一天的时间来完成面试全过程。

5. 行为面试

行为面试的应用非常广泛，属于结构化面试的一种。面试官会提出一些与当前工作情景紧密相关的问题，询问应聘者在以往工作中碰到类似的情景采取过什么样的行动。面试官通过求职者对自己行为的描述来了解两方面的信息：一是求职者过去的工作经历，以此对其素质做出评价，并预测他在未来工作中的表现；二是了解他对特定行为所采取的行为模式，并将其行为模式与该职位所期望的行为模式进行比较分析。

6. 压力面试

压力面试比较特殊，通常针对特定岗位设置。一般由一位或几位面试官有意识地对应聘者施加压力，针对某一问题或某一事件连环发问，直至应聘者无力招架。此种面试模式重在考察应聘者在特殊压力下的反应、思维的敏捷程度和应变能力。在面对这种面试时，应聘者切勿因一时冲动而表现出不满、怀疑和愤怒，要保持冷静，心平气和、理智客观地与面试官进行交流。

（四）面试的技巧

1. 表达技巧

在面试过程中，要积极主动交谈并传递给面试官需要的信息，展示出自己的才能。说话时要注意正视对方，观察对方是否听懂了你的话以及是否感兴趣。要注意咬字清晰准确，语言简洁，语调自然亲切，音量适中，语速可以根据内容的重要性来做出相应调整。在回答问题时，要条理清晰、有理有据，抓紧时间充分表达核心意思，不要长篇大论，要本着"知之为知之，不知为不知"的态度，切记不要不懂装懂，滥竽充数，遇到自己不懂的地方，可以坦率承认自己的不足之处。在群体面试中，如果同一个问题需要每个应聘者都作答时，要积极思考，发言要有个人见解和特色，以引起面试官的注意和兴趣。

2. 倾听技巧

在面试中，倾听也需要技巧。一个好的倾听者通常会做到以下几点：用目光注视说话人，保持微笑，适时点头；准确了解说话人所说的主要内容，如果有不懂之处，会适当提问确认；不是从头至尾呆板地听，会适当做出一些配合反应，如会意地微笑、点头，或提出一些将对方所讲的内容引向更深入层次的问题等；即使自己有不同观点，也会等到说话人讲完再提出，不会随意打岔；遇到争执时能保持心态的平和，保持理智。

3. 礼仪技巧

一是要守时。参加面试时千万不能迟到，最好提前5—10分钟到场，以表示自己的诚意，给对方留下守时的印象，同时也有利于应聘者在面试前有时间调整自己的状态。

二是要注意礼貌。无论是向前台人员自报家门，还是与引导人员沟通，或见到面试官时，整个过程中都要注意礼貌。

三是要保持微笑。微笑会使人感觉到心情愉悦，能缩短人与人之间的心理距离，为沟通与交往创造和谐的氛围。

（五）面试后的注意事项

1. 回顾总结

面试一结束，应该对自己在面试时遇到的难题进行回顾，重新考虑如何更好地回答问题。同时，尽量把你参加面试时的所有细节都记下，一定要记下面试时与你交谈的人的名字和职位。万一通知你落选了，也应该虚心地向面试官请教自己有哪些欠缺之处，以便今后改进。

2. 面试后致谢

在面试后的一两天可以给某个具体负责人写一封短信，在信里应该感谢他为你所花费的精力和时间，感谢他所提供的各种信息。

# 第二节 职业的适应阶段管理

## 一、角色适应

初入职场，面对与校园生活截然不同的环境和角色定位，有很多东西需要毕业生去学习和适应。当所在的环境无法改变时，就应该调整自己去适应环境，主动实现角色转换。

### （一）学生角色与职业角色的区别

**1. 活动方式不同**

学生角色以学习书本知识为主要活动。作为受教育者，其认识社会的途径是间接的，认识的内容主要是理论性的；同时在校期间，学生更多的是接受来自家庭和社会的供给和资助，缺乏自主能力。

职业角色则不同，它要求运用自己掌握的知识和能力，通过具体的工作向外界提供自己的劳动，同时在遵守法律法规和用人单位规章制度的前提下，职业角色在生活上也有较大的自由度。

**2. 社会责任不同**

学生角色的主要责任是学好科学文化知识，掌握社会生活的基本技能，逐步完善自己，以便将来为社会服务，实现自己的人生价值。其责任的履行主要依赖学生本人掌握知识的多少和能力培养的程度。

职业角色的责任则是以特定的身份去履行自己的职责，依靠自己所掌握的知识或技能去创造社会效益和经济效益。其责任的履行不仅影响着个人价值的实现，还会影响企业、行业的声誉。

**3. 社会权利不同**

学生角色的权利，主要是依法接受教育，取得家庭或社会的经济资助。

职业角色的权利，则是在开展工作的过程中依法行使职权，并在履行义务的同时获取报酬和其他相应的社会福利待遇。

**4. 社会规范不同**

对于学生角色，是从教育和培养的角度出发规范学生的行为，如通过制定学籍管理条例、学生生活管理条例等规章制度，对学生的学习和生活提出相应的要求，以引导学生健康成长，使其成为对社会有用的人才。

对于职业角色，施行的规范因为职业的不同而千差万别，这些规范既具体又严格，一旦违背就必须承担责任，甚至追究法律责任。

### （二）角色适应中存在的问题

#### 1. 怀旧心理

学生毕业后走上工作岗位，来到了一个全新的环境，容易出现"怀旧"心态。校园生活大多呈现寝室-教室-食堂"三点一线"的规律，学生的角色体验十分单一，进入职场后，如果仍经常自觉或不自觉地将自己置身于学生角色来要求自己和对待工作，以学生角色的习惯方式观察和分析事物，以学生角色的社会义务和社会规范来要求自己，很难适应职场中较为复杂的人际关系，难以承受职业责任的压力，从而怀念相对单纯的学生时代。

#### 2. 畏惧心理

部分学生毕业后进入新的工作环境时，往往不知道工作应该从何做起，如何开展，而且在工作中怕承担责任，总是畏首畏尾，缺乏年轻人的朝气和锐气；工作上全靠领导安排，对自己工作的性质、范围等还没有足够的认识。进入职场后，其他人不会再以学生的标准来要求你，因此一定要调整心态，尽快适应角色，克服对职业角色的畏惧。

#### 3. 高傲心理

部分学生常以毕业文凭、学位而骄傲，轻视实践，只想从事高层次的工作，看不起基层工作和基层工作人员，甚至认为从事基层工作是大材小用，表现出不踏实的浮躁作风和不稳定的情绪状态。这类学生往往缺乏敬业精神，不能深入了解本职工作的性质、职责范围，在实际工作中表现出难以合作的态度，这往往会阻碍他们顺利进入新的角色。

### 【案例】

　　某省一家明星企业前不久辞退了一位名牌大学的研究生，一些不知情的人觉得十分奇怪：作为天之骄子的名牌大学研究生，本应受到企业的青睐，为何工作不到一年就被辞退了？原来，小马虽然是名牌大学的研究生，但自从面试成功进入工作岗位后就经常迟到、离岗，自由散漫，在工作上表现得马马虎虎，对于一些基层工作更是不屑一顾。小马在工作期间因工作失误致使企业多次蒙受损失，但他却依然屡教不改。试想，这样的学生在当今激烈的竞争环境中怎么能逃脱被辞退的命运？

4. 自卑心理

部分学生面对新的工作环境和生疏的人际关系，往往缺乏自信；在工作中放不开手脚，胆小畏缩，甘居人后，从而产生不求有功、但求无过的消极懈怠心理。这十分不利于自己才能的正常发挥。

5. 失望心理

部分学生往往把毕业后的生活考虑得过于理想化，对职业角色的期望值过高。一旦接触现实，就容易产生一种失落感，从而出现情绪低落的现象。如果不能及时从这种失望的情绪中摆脱出来，将难以尽快融入新的角色。

【案例】

工作快半年了，但小斌似乎还没有适应职业人这一角色。他一直抱怨自己的工作条件艰苦、待遇低、同事难相处等，完全失去了对工作的热情，意志日渐消沉。久而久之，他不自觉地将这种负面情绪带到了工作中，工作质量不断下降，屡屡出现失误，即使受到了领导的严厉批评，依然我行我素，最终他被辞退了。

6. 浮躁心理

部分学生在角色转换的过程中，受到利益的驱使，迟迟不能或不愿意进入职业角色，缺乏踏实的敬业精神。尤其是在当下开放的人事制度下，一些学生为了追求高薪，频频"跳槽"，结果既耽误了自己，又损害了公司的利益。

（三）实现角色适应的方法

**1. 做好充分心理准备**

在思想上，学生在毕业前应该提前思考和认清自己将来打算扮演的社会角色，规划未来的职业；在行动上，培养独立的意志，慢慢确认自己独立的身份，明确自己应该做什么和怎样去做，学会思考职业前景与所从事职业的关系，为将来的发展做好准备。

**2. 自我调整，尽快适应**

毕业生走上工作岗位后，一定要充分认清自己的角色性质、位置、职责范围，明确自己的工作内容、工作特点及社会对这一角色的期望等，要积极进行自我调整，尽快适应新的工作环境，在竞争中生存、发展，从而实现自己的人生价值。

**3. 正确处理职场人际关系**

第一，正确处理好与领导的关系。学生在校园中习惯与同学之间平等相处，进入公司后可能一时难以接受被人领导，无法适应自己的下属角色。为了尽快进入良好的工作状态，要学会尊重与服从领导，并主动与领导沟通，及时执行领导交代的工作任务。

第二，正确处理好与同事的关系。良好的职场人际关系可以产生积极效应，有助于工作的顺利开展。在单位里就职，应主动团结同事，与同事和睦相处，平等相待，以诚相待，相互支持。

**4. 自我提高，加强综合素质**

现在很多企业对人才的要求越来越高，为了适应不同工作岗位的需求，需要不断地学习，及时补充业务知识上的不足，以此打下坚实的"硬件"基础。一般毕业生刚到用人单位时，都会参加岗前培训，毕业生应借助该机会调整学习态度，尽快熟悉公司的规章制度，尽快适应新的工作环境，才能更好地融入团队中。

**5. 合理流动，促进角色转换**

随着社会经济的快速发展、行业的不断变化，职业流动也越来越频繁。当发现自己不适应原有岗位的发展时，可以另辟蹊径，转换职业，寻找新的目标。很多毕业生在工作后都有跳槽的经历。跳槽并没有对错之分，但注意不能盲目地跳槽，在跳槽前应该认真考虑利弊。

**【案例】**

　　黄玲读了 7 年的临床医学，毕业后在县城的一家医院做了两年的内科医生，但她觉得自己现在的这份工作不仅收入低，而且圈子太封闭，每天都过着医院-食堂-家"三点一线"的生活，实在是乏味，如果自己一辈子就这样待在医院里，现在好像就能看到 40 岁的自己。黄玲越想越不甘心，于是辞去了工作，去面试了一家企业的销售人员。现在，黄玲在一家全球 500 强的企业做药品销售，收入还算令人满意，但就是应酬太多、太累，这让原本就不太擅长交际的黄玲开始怀念以前在医院工作的时光，又萌生了跳槽的想法，希望换一个更适合、更喜欢的工作。

## 二、职业适应

职业适应又称工作适应，是指人在职业活动中由于工作而产生各种问题时的一系列心理过程，主要包括个体对工作环境、工作任务以及对自身行为和新工作进行的适应。在从学生角色到职业角色的过渡过程中，应主动调节自己的行为以适应环境变化，使自己逐渐达到所从事职业的职业要求并顺利完成职业活动。

### （一）影响职业适应的因素

1. 职业期望

学生的职业理想在很大程度上受到利益取向的制约。大多数学生经过十几年的寒窗苦读，急于展现自己的才华，以期望能更好地回报家人和社会，因而他们对未来职业往往有很高的期望。

2. 职业心态

大多数学生希望找到专业对口的工作，以便在事业上有所作为。但在实际就业中，需对职业方向进行多方面考虑，这是职业心态务实化的一个表现。很多学生在择业时，既要追求精神上的满足感和事业上的成就感，又希望在物质上有足够的保障，忽视了工作与自身的匹配性，从而加大了职业适应的难度。

3. 职业待遇

较高的经济水平既是职业流动的物质保障，也是向高层职业流动的筹码。目前，学生普遍比较看重经济待遇，这已经成为影响相当一部分学生职业适应的关键因素。

4. 职业风险

当代学生既渴望参与竞争，又期望工作稳定。刚毕业的学生应该敢做、敢闯，对工作充满激情，但部分学生只愿意承担一定程度的风险，如果风险超出了他们的承受范围，也会增加他们职业适应的难度。

5. 自我价值

目前，学生越来越注重自我价值的实现和个人事业的发展。对于学生来说，选择合适的职业是他们跨入社会、走向成功、实现价值的重要一步，如果当前职业无法实现学生的个人价值，那么他们将难以顺利地进行职业适应。

6. 人际关系

在强调团队协作精神的今天，和谐的人际关系对职业适应有着举足轻重的作用。有些学生虽然能力很强，但与领导、同事无法和谐相处，使得人际关系成为职业适应的绊脚石。

（二）职业适应的阶段

1. 兴奋好奇期

从学校走向社会的初期是兴奋好奇期，这一时期毕业生大多比较兴奋和激动，他们对新环境充满了新鲜感和好奇心，他们渴望全面了解职业岗位的性质和特点、物质待遇、发展前景等，希望能在职业岗位上大显身手，实现自己的理想抱负。

2. 矛盾冲突期

步入工作岗位后，毕业生激动与兴奋的状态会慢慢缓和，好奇心理逐渐消失，随之而来的是矛盾和冲突的发生。主要表现在以下四个方面：①学校和社会的矛盾；②理想与现实的矛盾；③学业成绩与职业能力的矛盾；④学生角色和职业角色的矛盾。

**【案例】**

　　小林毕业后找到了一份不错的工作。在试用期期间，由于直爽的性格，她很喜欢给主管提意见。不久之后她明显感觉到自己得罪了主管，面对严肃苛刻的主管，小林开始感到害怕和焦虑，被主管接连挑错也让她的自信心受挫，更害怕失去这份不错的工作。于是她虚心向同事请教，主动找主管沟通，承认错误，缓解了与主管紧张的关系，最终为自己争取到了转正的机会。

　　3. 调整平衡期

　　经过一系列的矛盾与冲突后，毕业生开始立足现实，思考所遇到的各种问题并进一步规划探索今后的职业道路。一部分人会放弃过高的期望，重新确立切实可行的职业目标；一部分人会进行自我调整，改变为人处世的态度，协调人际环境，学会释放压力；一部分人会重新寻找事业发展的突破口，适时调整职业方向，重新选择合适的职业岗位。

　　4. 稳定发展期

　　在这个时期，毕业生逐步适应了自己所处的职业环境，基本完成了从学生角色向职业角色的转换。职业理想、职业兴趣已经形成并趋于稳定，对周围的人际关系处理恰当，能主动融入这种环境中，成为新集体的一员。

　　（三）促进职业适应的方法

　　1. 调整心态，积极应对

　　一般刚参加工作的毕业生所从事的工作都较为基础，和自己的理想存在着一定的差距，因此需要做好充分的心理准备，除了要锻炼自己的抗压能力，还要学会以恰当的心态积极面对新环境。

　　2. 积累实践经验

　　有的用人单位看重求职者的工作经验，有的用人单位看重求职者的学位学历，无论进入什么单位，都应该利用一切机会，积累自己的实践工作经验，锻炼自己的业务能力，以更好地提升自己的职业适应能力。

3. 积极消除隔阂，尽快融入团队

每个人在日常与人交往的过程中，都有可能与他人产生隔阂，消除隔阂是促进人际关系不断发展的关键。毕业生应该拥有宽广的胸怀、容人的雅量，不要为了一些小事睚眦必报，心生怨恨，应该把大部分的精力都用在工作上，提高自己的工作能力，同时保持开朗的性格，这将有助于自己在新的工作环境中建立起融洽的人际关系。

【案例】

小冬上午到公司上班，发现自己要报送的资料不对，以为被同事修改了，为此与同事发生了激烈的争吵。后来才发现是自己没有把新资料复制到电脑上，错怪了同事，本来关系很好的两人自从发生冲突后关系变得十分尴尬。下班后，小冬反省了自己的错误，决定明天主动找这位同事道歉。第二天，小冬非常坦诚地承认了自己的错误，对昨天的情绪失控向同事表达了真诚的歉意，同事接受了小冬的道歉，双方最终消除了误会。

4. 虚心接受批评，努力钻研业务

对于涉世尚浅、经验不足的毕业生来说，工作中出现某些差错和失误是在所难免的，但这并不意味着可以理所当然地犯错。如果在工作中出现了差错，一定要学会虚心接受他人的批评。对待批评要能够微笑面对，坦然接受，保持良好的态度和工作状态，结合正确的方法及时改正错误，尽量减少工作失误。

# 第三节　职业的上升阶段管理

## 一、职业上升阶段

职业上升阶段是个人职业发展的重要阶段，在这一阶段中，个人的职业目标、职业状态已经趋于稳定，工作技能也已日趋成熟，积累了较为丰富的社会经验，需要寻求进一步的上升空间。职业上升阶段主要有两种表现形态：一是获得职位晋升，进入更高一层的管理或技术岗位；二是薪资福利增加，在选定的职业岗位上成为稳定的贡献者。

## 二、职业上升阶段的特征

### (一) 职业能力稳步提高并逐渐成熟

在职业生涯的上升阶段，个人的职业能力不断得到提高，各方面都逐渐趋于成熟。首先，人在这一阶段已经具有了相当多的生活阅历，具备人际交往和处理各种事情的技能经验；其次，在这一阶段，个人的价值观已成熟，世界观成型，事业心、责任心也随之增强，逐步形成了沉稳、踏实和一丝不苟的工作作风；最后，有较为稳定的长期贡献区，职业技能娴熟，已积累了相当丰富的职业工作经验。

### (二) 创造力旺盛，工作业绩突出

在职业生涯的上升阶段，员工一般都是作为组织的骨干和中流砥柱在发挥作用。此时，个人也具有创造一番辉煌事业的潜在实力。这种潜力一方面源于工作能力的增强和经验的积累；另一方面，源于其自身长期潜伏的个性和能力及由此激发的创造冲动或未曾施展过的才干。因此，这一时期是个人创造力最强、工作卓有成效、不断创造辉煌业绩的时期。

## 三、职业上升阶段的管理策略

### (一) 全心投入和高效率地完成本职工作

在职场上展现活力和能力，甚至能在团队里激起同事工作斗志的人，是企业最想留住或网罗的对象。对工作要全心投入工作，保持热忱不计较多做一些事情，而且是主动自发多做一点，不是每天正常上下班只把分内工作做好。如果过于计较就无法接触更深层面的工作，未来也难以向上发展。在职场上，没有哪个不讲效率的员工能获得晋升，也没有哪个领导能长期容忍办事拖拉的员工。要想在职场中获得进一步发展，最实际的方法就是高效率、高质量地完成本职工作，也能以用最快的速度"消化"领导交代的任务。

## （二）具有领会、落实领导意图的执行力

领会领导的意图也是一种能力。在职场中需要察言观色，需要仔细揣摩，有时候领导的意图可能不会直接表达出来，如果能领悟其意并落实执行，必定会让人印象深刻，在事业的发展上也会更为顺畅。

## （三）不断提升自己的价值

作为一名普通员工，如果安于原来的"水平"，不去提升自己的能力和价值，那么注定会不进则退。在不断提升自己的能力和价值的过程中，不要给自己设限，不必在意领导有没有注意到或自己多做的事情能否得到报酬，如果能达到这种境界，那么最终的价值必然决定了自己不可替代的"身份"。

## 【案例】

小周一直在某公司做人事经理的工作，他发现自己的职业发展到了一定的瓶颈期，于是报名参加了 MBA 的课程培训，最终以优异的成绩拿下了 MBA 证书。不久后，他抓住了公司外派的机会，前往分公司学习并积累了丰富的管理实践技能，最终得到提拔，成为该公司的行政总裁。

## （四）提高职场情商

身处职场，无论从事哪种职业，身居何种职位，"智商决定是否录用，情商决定是否升迁"已成为决定职业发展的重要信条，情商高低是影响和决定一个人职业发展的关键因素。目前许多企业在招聘新员工时，也越来越重视考察应聘人员的情商素质，通过心理测试或情商测验等手段来测试应聘者情商的高低。因此，应注意对自己和他人的工作情绪的了解和把控，处理好职场中的人际关系。

## （五）充分挖掘自己的潜能

人的大脑是一个无尽的宝藏，可惜大多数人终其一生都忽略了如何有效地发挥它的"潜能"，在职业生涯中要主动去挖掘和开发自己的潜能，才能不断提升

自己的职业能力。

## ◎ 参考文献

[1] 石寒笑，张艺.大学生职业生涯发展与规划［M］.北京：清华大学出版社，2017.

[2] 程欣，吕久燕.大学生职业生涯规划与就业创业教育［M］.北京：北京邮电大学出版社，2017.

[3] 苏文平.大学生职业生涯规划与就业创业指导［M］.北京：中国人民大学出版社，2018.

[4] 杨洪，秦晓燕.大学生就业指导［M］.北京：人民邮电出版社，2019.

[5] 于海波，董振华.职业生涯规划实务［M］.北京：机械工业出版社，2018.

[6] 杨河清.职业生涯规划（第二版）［M］.北京：中国劳动社会保障出版社，2009.

# 第五章 创业与职业生涯发展

## 第一节 创业和职业生涯规划的关系

### 一、职业生涯规划对创业的作用

#### （一）职业生涯规划有助于学生进行职业定位

科学合理的职业生涯规划对学生创新创业具有重要意义。它能够引导学生选择适合自己的职业，提高就业竞争力，有利于日后在职场中脱颖而出，成为行业的佼佼者。而作为行业的佼佼者，必然要求拥有创新素质和能力，这一能力与研究生职业规划相呼应，职业规划合理，职业定位准确，才能突破从众心理，敢于创新，大胆进行创业。在正确的职业生涯规划的引导下，学生能够减少创业过程中的盲目性，坚定创业信心，摆正创业心态，了解创业的困难，并对照当前形势，以科学的方法对自己的能力加以提升，克服和规避在创新创业过程中可能碰到的问题，提高成功率。

#### （二）职业生涯规划有利于帮助学生提前规划好创新创业目标

目标指引方向，激发前进斗志。符合自身实际、顺应时代发展趋势的创业目标有利于学生更加顺利地实施创新创业实践，反之则会成为学生创业路上的"绊脚石"，使其饱受挫败感的困扰。因此，制定合理的目标对于学生创新创业极其重要。当前，很多学生心存创业的念头，但不明确创业的方向；也有的学生筛选了多个方向，但不知如何进一步选择更适合自己的方向。职业生涯规划教育不仅可以全面展示各专业的发展前景、潜在的创业方向及相关的社会资源，还能引导学生通过发掘自身的兴趣爱好、学业专长等来初步确立创新创业目标，进一步指导学生对创业目标的可行性进行科学的评估，降低随意性、盲目性，从而帮助学生科学规划，少走弯路。

### （三）职业生涯规划有利于引导学生形成创业所需素质

创新创业并非一蹴而就，它对创业者的专业能力、管理能力、身心素养等均提出较高的要求。开展职业生涯规划教育，有利于引导学生形成创新创业所必备的素质，为后续的创业实践奠定基础。首先，职业生涯规划教育可向学生全面地解析创新创业所需具备的素质。其次，在明确必备素质的基础上，职业生涯规划教育可引导学生剖析自我，明确自身的优势和短板，进而找到改进和完善的方向。最后，职业生涯规划教育可通过针对性地组织相关实践活动，让学生亲身参与，加深对创新创业实践层面的认识和感悟，同时在深入实践的过程中锻炼管理能力、身心承受能力等必备素质，进一步发掘自身潜能，以提升创业的适应性，为后续真正踏入创业实践积累有益经验。

**【案例】**

小谢考上硕士研究生后学习很刻苦，但学习成绩一般。临近毕业，小谢对自己的能力有着清醒的认识，因此为自己制订了符合自身条件的方案：先就业再创业，从低职位做起。在人才招聘会上，当大家都一窝蜂地涌向高端企业时，小谢专门找了一些刚起步、比较有发展前景的私营企业，并顺利进入了一家与自己职业生涯规划相吻合的私营企业。五年后，小谢辞去了市场部经理的职位并创办了自己的企业，实现了自己当年的梦想。

## 二、创业对职业生涯规划的作用

### （一）创业教育为学生的职业生涯规划奠定基础

创业教育可以帮助学生培养创新意识，树立创新思维，启发学生用创造性的思维解决未来职业发展过程中所遇到的问题。将创业教育融入职业生涯规划的内容环节中，可以培养学生的进取精神，促进其所学知识和技能的转化，增强创业的积极性和主动性，培养社会责任感，激发学生合理规划职业目标，积极参与创新创业活动，以更好地适应当前社会的法治要求，达到培养学生创新创业思维能力的目的，为他们的职业生涯发展规划奠定了良好的基础。

### （二）创业教育引导学生主动进行职业探索

创新创业教育，促使学生了解创业知识，培养创新创业意识，有利于其在未来的职业生涯中不断地进行创新，更好地培养将来从事不同职业所需的知识和技能。职业生涯是一个动态发展的过程，随着学生对自我认知的深入以及对未来职业的不断了解，他们可以根据这些情况对个人职业规划进行适当的调整。创新创业教育就是要引导学生找准"落脚点"，主动地进行职业探索，找准自己的职业兴趣与爱好，在职业生涯的发展中不断调整和完善自我，以适应外部职业环境的变化，使自身的职业规划与社会发展互动。

【案例】

　　小杨酷爱轮滑运动，进入大学后他发现很多同学也有同样的爱好，于是萌生了开创品牌轮滑店的想法，并进行了一定的市场调查，初步确立了创业方案。不久后学校举办模拟创业大赛，小杨决定与几位同学一起参加试试手，他们的团队最终获得了创业大赛一等奖，因此小杨更加坚定了自己创业的想法。经过两年的摸索，小杨创办的"风火轮滑"已经初具规模，拥有3家连锁店，会员500余名，为当地高校学生所熟知。

# 第二节 创业的前提准备

## 一、创业的基本素质

### (一) 心理素质

所谓心理素质是指创业者的心理条件，包括自我意识、性格、气质、情感等心理构成要素。作为创业者，自我意识特征应为自信和自主，性格应刚强、坚韧、果断和开朗，情感应更富有理性色彩。成功的创业者大多是不以物喜、不以己悲的，面对成功和胜利时不沾沾自喜、得意忘形，而在碰到困难、挫折和失败时不灰心丧气、消极悲观。

### (二) 身体素质

好的身体素质是指身体健康、体力充沛、精力旺盛、思路敏捷。现代小企业的创业与经营之路是艰苦而复杂的，创业者工作繁忙、压力大，如果身体素质不过关，必然力不从心，难以承担创业的重任。

### (三) 知识素质

创业者的知识素质对创业起着举足轻重的作用，单凭热情、勇气、经验或只有单一的专业知识难以成功创业，创业者必须掌握广博的知识，具有一专多能的知识结构，才能不断培养创造性思维，做出正确的决策。因此，创业者需要了解相关的法规政策，能做到用足、用活政策，依法行事，懂得用法律维护自己的合法权益；了解科学的经营管理知识和方法，提高管理水平；掌握与本行业本企业相关的科学技术知识，依靠科技进步增强竞争能力；学习并掌握市场经济方面的知识，如财务会计、市场营销、国际贸易、国际金融等知识；同时还应具备关于世界历史、世界地理、社会生活、文学、艺术等方面的知识。

### （四）能力素质

**1. 决策能力**

决策能力指创业者能根据主客观条件因地制宜地、正确地确定创业的方向、目标、战略以及具体选择实施方案的能力。创业者所需的决策能力通常包括分析能力、判断能力和创新能力。

**2. 经营管理能力**

经营管理能力是一种较高层次的综合能力和运筹性能力，指对人员、资金的管理能力，它涉及人员的选择、使用、组合和优化，也涉及资金的筹集、分配和使用等。

**3. 专业技术能力**

专业技术能力指创业者掌握和运用专业知识进行专业生产的能力。大多数专业知识和技能需要在实践中摸索，逐步提高并发展完善，因此创业者要重视创业过程中的知识积累、专业技术方面的经验以及职业技能的训练，综合运用理论知识和实践中的经验，在对理论知识加深理解的基础上不断提高和拓宽专业技术能力。

**4. 交往协调能力**

交往协调能力指能够妥善处理与公众，如政府部门、新闻媒体、客户等之间的关系，以及能够协调下属各部门成员之间关系的能力。

**【案例】**

小江是某高校的研一学生，性格开朗，很喜欢结交朋友。有一次，他被朋友邀请参加商博会，在商博会上，小江发表了一番关于通过电子商务模式实现行业展会网上展览的言论，得到了一位投资商的青睐。在与投资商的交谈中，小江更是充分发挥了自己善于言谈的能力，对行业前景、市场规模、产品特点都进行了详细的分析，给投资商留下了很好的印象。不久后小江接到通知，该投资商愿意将他们工厂的产品通过电子商务的模式进行销售，并注资 100 万元全权授予小江代理。就这样，因为小江强大的社交能力，一个创业机会主动出现在了他的面前。

## 二、创业的资源准备

### （一）资金

1. 政府扶持

为鼓励学生创业，国家和地方政府均设立了创业基金。创业基金的优势在于利用政府资金，不用担心投资方的信用问题，同时降低或免除了筹资资本。但因近年来学生创业人数的增加，创业基金被高度关注，竞争激烈，申请要求也越来越严格。

2. 自筹资金

一般情况下，多数学生在创业之初都没有足够的资金，而筹集资金最常见、最简单和最有效的途径就是寻求家长、亲戚和朋友的帮助，学生将自己的创业想法告诉他们并努力得到他们的理解和支持。

3. 合伙融资

寻找合伙人投资是指按照"共同投资、共同经营、共担风险、共享利润"的原则，直接吸收单位或个人投资，进行合伙创业的一种筹集资金的途径和方法。合伙创业不仅可以有效地筹集资金，还可以充分发挥人才的作用，有利于对各种资源的利用和整合，尽快形成生产力，降低创业的风险。

4. 金融借贷

（1）创业贷款。创业贷款是指具有一定生产经营能力或已经从事生产经营活动的个人，因创业或再创业提出资金需求申请，经银行认可有效担保后而发放的一种专项贷款。

（2）抵押贷款。抵押贷款是指按照担保法规定的抵押方式，以借款人或第三人的财产作为抵押物而发放的贷款。

（3）质押、保证贷款。近年来各大银行为了提高效益，在充分考虑贷款风险的同时对贷款质押物的要求不断放宽。除存单质押贷款外，以国库券、保险公司保单、个人信用等信贷资源作为保证也可以轻松得到用于创业的个人贷款。

**【案例】**

　　小何在硕士研究生毕业后打算自己开一家服装厂，他发现如果要开办一家中等规模的服装厂至少需要 200 万元的资金以及一间不小于 100 平方米的厂房。小何通过亲戚朋友筹集了 20 万元，后经人介绍在离城区较远的镇上找到了一家濒临破产的砖厂，他以极低的价格获得了砖厂的所有权，再用砖厂作为抵押物去银行贷款，最终完成了创业资金的筹集。

## （二）团队

　　当创业者终于做出"我要去创业"的决定，并已经有了切实可行的市场项目后，最重要的任务就是建立起一个共同创业的团队。创业团队由少数具有互补技能的创业者组成，他们为了实现共同的创业目标而遵循一个能使其彼此担负责任的程序，为共同达成高品质的结果而努力。

　　1. 创业团队的核心要素

　　（1）目标。

　　创业团队应该有一个既定的共同目标为团队成员导航，没有目标这个团队就没有存在的价值。目标在创业企业的管理中以企业的远景、战略的形式体现。

　　（2）人。

　　人是构成创业团队最核心的力量，3 个及 3 个以上的人就形成一个群体，当群体有共同的奋斗目标就形成了团队。在一个创业团队中，人力资源是所有创业资源中最活跃、最重要的资源，应充分调动创业者的各种资源和能力，将人力资源进一步转化为人力资本。目标是通过人员来实现的，所以，人员的选择是创业团队中非常重要的部分。在一个团队中可能需要有人提出方案，有人制订计划，有人负责实施，有人协调工作，还有人去监督创业团队工作的进展，评价创业团队最终的贡献。不同的人通过分工来共同完成创业团队的目标，因此，在人员选择方面要考虑人员的能力和经验如何以及技能是否互补。

　　（3）定位。

　　定位主要包含两层含义：一是创业团队的定位，即创业团队在企业中处于什么位置，由谁选择和决定团队的成员，创业团队最终应对谁负责，创业团队采取什么方式激励下属等。二是个人的定位,即作为成员在创业团队中扮演什么角色,是制订计划还是具体实施或评估;是共同出资,委托某个人参与管理,还是共同出资,共同参与管理,或共同出资,聘请第三方管理等,这些问题决定了创业组织的性质。

(4)权限。

创业团队当中负责人权力的大小与其团队的发展阶段和创业实体所在行业相关。一般来说,创业团队越成熟,负责人所拥有的权力相应越小,但在创业团队发展的初期阶段,权力相对会比较集中。

(5)计划。

目标最终的实现,需要一系列具体的行动方案,按计划进行可以保证创业团队的事业进展顺利,只有在计划的指导下创业团队才会一步一步地贴近目标,从而最终实现目标。

2. 组建创业团队的步骤

(1)招募成员。

在创业团队成员的招募中,主要应考虑两个方面:一是考虑互补性,即考虑各成员之间能否在能力或技术上形成互补,互补性既有助于强化团队成员彼此间的合作,又能保证整个团队的战斗力,创业团队一般至少需要管理、技术和营销三个方面的人才。二是考虑规模适度,适度的团队规模是保证团队高效运转的重要条件,一般创业团队的初始规模宜控制为2—12人。

(2)职权划分。

创业团队的职权划分就是根据创业计划的需要,具体确定每个团队成员所要担负的职责以及相应所享有的权限。团队成员间职权的划分必须明确,既要避免职权的重叠和交叉,又要避免无人承担职责而造成工作上的疏漏。由于创业环境动态复杂,会不断出现新的问题,因此一定要注意分工不分家,加强协作精神,善于补位。

【案例】

　　小张和小李在硕士研究生毕业后合伙创办了一家电源设备生产公司。小张所学的专业是电器设备生产,公司创立后他负责技术工作,带领技术创新团队进行产品研发。小李则负责日常管理，虽然他并没有相关的行政管理等专业知识背景，但在学校社团活动中他表现出的管理能力让小张很钦佩。就这样两人分工合作，开始为这家公司的发展共同努力。经过几年的努力，小张研发的产品每年的销售额少则几百万元，多则上千万元。而小李也在实践中不断学习，逐渐提升自己的管理能力，以独到的管理方式把公司管理得井井有条。

（3）制度建设。

创业团队要正常高效运转，一方面必须具备各种约束制度，主要包括纪律条例、组织条例、财务条例、保密条例等；另一方面必须具备有效的激励机制，主要包括利益分配方案、奖惩制度、考核标准、激励措施等。

（4）团队融合。

随着团队的深入运作，团队组建时在人员匹配、制度设计、职权划分等方面的不合理之处就会逐渐暴露出来，这时就需要对团队进行相应的调整，进一步促进团队的融合。

（三）技术

用智力换资本是高学历学生创业的特色之路。一些风险投资者往往是因为看重高学历创业者所掌握的先进技术，才愿意对其创业计划进行资助。因此，打算在高科技领域创业的学生，一定要注意技术的创新，开发具有自己独立知识产权的产品，吸引投资商。

## 三、创业市场调研

商场如战场，如果不对市场进行深入的了解和研究，即使有再多的经验和技术，也仅仅是纸上谈兵。对学生创业者而言，市场调研即是需要对进行创业的产品或服务项目，通过科学的方法，有目的地搜集、记录、整理有关市场营销的信息和资料，分析市场情况，包括市场的现状和发展趋势，以便创业者做出客观、正确的创业决策。

### （一）经营环境调查

#### 1. 政策法律环境调查

在创业之前，需要调查与经营业务相关的政策法律信息，了解国家是鼓励还是限制所开展的业务，有什么管理措施和手段；当地政府是如何执行有关国家法律法规和政策的，对即将开展的业务有何有利的和不利的影响等。

#### 2. 行业环境调查

"家有家法，行有行规"，进入一个新行业后，应充分了解和把握该行业的相关信息，调查所经营的业务和开展的服务项目所属行业的发展情况、发展趋势、行业规则及行业管理措施，这样才有助于尽快实现从"门外汉"到"内行人"的转变。

#### 3. 宏观经济状况调查

大气候影响小气候，宏观经济状况是否景气，直接影响老百姓的购买力，如果企业效益普遍不好，经济不景气，生意就难做，反之生意就好做。因此把握大气候的信息是做好小生意的重要参考数据。经济景气时宜采用积极进取型经营方针，而经济不景气时也会孕育着潜在的市场机遇，关键在于如何判断和把握。

### （二）市场需求调查

如果要生产或经销某一种、某一系列的产品，应对这一产品的市场需求量进行调查，通过市场调查来对产品进行市场定位。主要的调查项目包括消费者对此类产品的了解程度和需求程度，有无其他公司提供相同或相似的产品，市场占有率是多少，未来的发展趋势和前景等。

### （三）顾客情况调查

#### 1. 顾客需求调查

顾客需求调查指了解购买某种产品或服务项目的顾客的身份、职业等信息，以及他们希望从中得到哪方面的满足感和需求（如效用、心理满足、技术、价格、交货期、安全感等），现时的产品或服务项目为什么能较好地满足他们某些方面的需要等。

### 2. 顾客分类调查

顾客分类调查的重点是了解顾客的数量、特点和分布，明确目标顾客，掌握他们的详细资料。如果是某类企业或单位，应了解这些单位的基本状况，如进货渠道、采购管理模式、联系方式、办公地地址、某项业务负责人的具体情况和授权范围、对某种产品和服务项目的需求程度及购买习惯等。如果顾客是个人消费者，应了解消费群体种类，即目标顾客的大致年龄范围、性别、消费特点、用钱标准、对某种产品和服务项目的需求程度、购买动机、购买心理、使用习惯等。

### （四）竞争对手调查

在开放的市场经济条件下，存在竞争对手在所难免。只有了解竞争对手的情况，包括竞争对手的数量与规模、分布与构成、优缺点及营销策略，才能在激烈的市场竞争中占据有利的位置，有的放矢地采取一些应对竞争的策略，尽力做到人无我有，人有我优，人优我独特。

### （五）市场营销策略调查

市场营销策略调查的重点是调查了解目前市场上经营某种产品或开展某项服务项目的促销手段、营销策略和销售方式。在以消费者为调查对象时，要注意到有时某一产品的购买者和使用者不一致，此外还应注意一些产品的消费对象主要针对某一特定消费群体或侧重于某一消费群体，这时调查对象应注意选择产品的主要消费群体，如对于化妆品，调查对象应主要选择女性；对于酒类产品，调查对象应主要选择男性。

## 【案例】

小郑在读硕士研究生时期专注于装饰品的学习和研究，毕业前，他仔细分析了自己学习的专业，发现目前的就业环境并不乐观，他也想在自己感兴趣的领域有所前进，此时他想到了创业。为了考察自己的创业梦想是否可行，小郑马上进行了简单的市场调查，发现在自己所在的城市，装饰品大多是一些大型装饰公司的附属产品或是没有什么特点的批发品，装饰品工艺的发展空间还很大，于是他决定在此方向上创业。小郑的公司主要从事装饰品和工艺品的创作和生产，他设计符合客户需求的产品，并将时尚元素融入其中，打造了一批具有个性和特色的产品。目前，小郑的公司已成为当地最有实力的装饰品公司。

## 四、创业计划书

一份详尽的创业计划书是学生创业的必要准备，它需要根据不同的行业、环境、受众群体、目标、阶段等具体条件来制定。创业计划书是描述创办一个新企业时所有相关的外部要素及内部要素的书面材料，是创办企业的目的、方向及各项职能的计划，包括商业前景展望、人员、资金、物质等各种资源的整合，以及经营的思想、战略确定等，是为创业项目制定的一份完整、具体、深入的行动方案。

准备好创业计划书，可以使创业者进行科学的分析和安排，清醒地认识自己的创业机会、创业思路和经营理念，并使创业者对产品开发、市场开拓、投资回收等重大决策进行全面思考，进而完善管理方法；同时能够充分阐述企业的运作资源、行业竞争情况、经营战略、商业模式与运作策略，完美展示企业的投资价值，从而吸引投资者或投资机构，获取创业融资。

## 第三节　创业的风险和防范

### 一、创业风险

（一）创业风险

创业风险，通常是指创业者在创业中面临的风险，即由于创业环境的不确定性、创业机会的复杂性、创业者能力与实力的有限性等原因，而导致创业活动偏离预期目标的可能性及其后果。

虽然创业获得的回报往往高于到企业就业，但是相应的，创业面临的风险也更高。创业风险与创业过程中的缺口息息相关，常见的缺口主要有融资缺口、研究缺口、资源缺口、管理缺口、信息缺口和信任缺口。学生创业者的社会阅历有限，风险观念相对较弱，想要更好地创业，就要对创业的风险进行了解，学会识别风险，进而有效地规避风险。

### (二) 创业风险的特征

**1. 客观性**

创业本身就是一个识别风险和应对风险的过程，风险的出现是不以人的意志为转移的，因此创业风险的存在是客观的，如天气变化、地质变化一样。

**2. 不确定性**

由于创业所依赖的条件及影响创业的因素是不断变化、不断发展乃至难以预料的，具有明显的不确定性，因此造成了创业风险的不确定性。例如，产品在创业初期是"热门"的，但研发生产出来后，可能由于市面上大量的同类产品出现，使其失去了市场竞争力。

**3. 双重性**

创业有成功和失败两种可能性，创业风险也具有带来盈利或亏损的双重性。在创业活动中，往往风险越大的创业项目，回报越高，潜能也越大，所以有时候回避风险，同样意味着回避收益。

**4. 可变性**

随着影响创业的因素发生变化，创业风险的大小、性质也会发生变化。例如，在一定时期，融资缺口可能是最大的创业风险，而过一段时间由于环境因素的改变，研究缺口又可能成为最主要的创业风险。

**5. 可识别性**

根据创业风险的特征和性质，创业风险是可以被识别和划分的。可识别性这一特征可以帮助创业者更好地识别创业风险，规避创业风险。

**6. 相关性**

创业风险与创业者的行为紧密联系。针对同一创业风险，采取不同的对策，可能会出现不同的结果。例如，技术型的创业者进行技术改良型的创业可能表现为低创业风险，而对于管理型的创业者，则可能表现为高创业风险。

### （三）创业各阶段存在的风险

#### 1. 创业前期

创业前期指打算创业到创业初期这一阶段，做好这一阶段的工作对创业者来说格外重要。在这一阶段，创业者刚刚接触创业，对于创业风险并没有过多的应对经验，需要多学习他人的经验。

（1）临渊羡鱼。古人云："临渊羡鱼，不如退而结网。"说明只有愿望而没有相应的实际行动，对事情起不到任何作用。在创业初期，创业者应做好吃苦的准备，不要一味羡慕成功创业的人，而应该"收心"，付出实际行动，脚踏实地走好每一步。

**【案例】**

刘云考上硕士研究生后在大城市里学习了三年，毕业之际，想到自己落后的家乡，刘云在留大城市工作还是回乡建设之间左右摇摆。刘云的一个初中同学在大城市工作几年后返回家乡开了一个养鸡场，每天生意不断。刘云很羡慕同学的现状，也希望凭借自己的所学在家乡一展拳脚，于是他决定回家乡。他先和农技站签了一年合同，希望通过实际工作结合自己所学，在技术养殖方面有更进一步的提升，然后再开办一家自己的养殖中心。此时，刘云已经开始着手为自己的创业做准备了。

（2）悲观主义。成功者往往都具有积极的人生态度，勇于为结果承担责任，同时还具备风险控制和耐心这两个关键的素质，失败的人则普遍具有悲观主义倾向。在创业过程中，难免遇到挫折和困难，如果创业者是悲观主义者，一旦碰到暂时难以解决的问题就灰心丧气，再无当初的激情和雄心壮志，失去了面对现实的勇气，那么最终可能难以成就大事。

（3）方向不明。创业方向是创业活动总体的走向和原则，在创业之前，需要想清楚自己的创业方向是否清晰，做好市场调研，朝着一个明确的方向去计划和实施，如果创业方向错误，则可能一步错，步步错。

（4）合伙人选择不慎。创业企业运营中除了重要的业务活动，还有一个必不可少又关乎成败的因素——合伙人。与合伙人建立信任感不是一件容易的事，不仅需要充分交流，更需要拥有共同的目标和一致的方向。

（5）融资不谨慎。资本是创业者必须面对的问题，只有创业者具有足够的实力，才能吸引投资者，融资才有可能进驻创业企业。此外，创业者在融资时，不能为了融资而融资，选择投资者应当谨慎，充分考虑投资者的经验、资源及对企业后期的帮助等。

2. 创业中期

创业失败的原因有很多，可能是方向选择失误，可能是管理不善，也可能是缺乏市场意识等。每年有数以万计的企业倒闭，但又有更多的新企业成立，处于创业过程中的创业者仍会在不知不觉中进入一些误区。

（1）战略性风险。每个创业企业在设立之初都有自己的主业，在创业过程中，由于接触的人、事、物增多，诱惑也越来越多，进而可能导致创业者盲目地扩充业务领域，造成业务领域混杂。事实上，无论是企业领域、管理风格还是产品设计都没有绝对正确的选择，只有适合企业自身的选择。因此，创业者应该及时调整思绪，理清目标，想清楚自己该干什么，该放弃什么。

【案例】

　　小周毕业后与朋友成立了一家公司，公司成立之初，注册资本为 50 万元。经过 3 年的快速发展，公司强力推进并购扩张发展的经营战略，把公司的资产总规模扩展到了 500 万元，该公司净资产额为 200 万元，成为当地最大的医药企业。在并购扩张战略的实施过程中，公司主要依赖银行贷款的支撑，在陌生的产业领域重复着"大跃进"式的盲目扩张，使得公司债务大幅上升。巨大的债务压力，使公司的资金需求受到严重限制，最终因多家债权银行起诉，小周的公司被迫进入重整程序。

（2）管理风险。无规矩不成方圆，健全的管理规章制度是一个企业良性运作的基础。学生创业的合作伙伴往往是亲戚好友或同学，由于初涉商场，知识单一，又缺乏实践经验，就会出现决策失误、信息不通、患得患失、用人不当、急功近利、盲目跟风等现象。同时，学生创业者有时会出于对合作伙伴的信任，而忽略了企业管理的重要性，长此以往可能导致管理混乱，企业的生存也就越来越艰难。

（3）财务风险。财务是一个企业最终建立的落脚点，作为创业者，在财务上面临的创业风险主要有两种：一是无财务记账意识，二是无成本概念。因此，创业者在企业发展的过程中，应越来越重视财务问题，通过财务数据分析，认识自己在业务、管理上的不足，从而修正自己的创业、经营方向。

3. 创业后期

（1）好大喜功。大多数创业者个性执着、敢作敢为，这种个性使他们在创业初期较容易获得成功，但随着企业规模的扩大和实力的增强，个人追求财富的欲望上升，再加上市场环境的规范化和竞争的激烈化，部分企业的创业者的追求会有脱离实际的倾向，他们把追求规模、知名度、市场占有率作为首要目标，而不考虑步步为营，稳中求进。这种好大喜功的心态和过分追求表象的心理，最终不仅会让创业者受到损失，甚至还可能使他们一手创建的企业遭受灭顶之灾。

（2）挥霍浪费。在创业初期，大多数创业者都能做到开源节流，艰苦勤俭，但创业初步成功之后，企业有了资源、资金，在某些方面多花一点和少花一点的影响并不明显，使得部分管理者有了苦尽甘来的感觉，肆意挥霍，没能很好地控制成本和费用，虽然企业的业务在不断地增长，但最终利润却有可能下降。

【案例】

　　小韩在一家网络公司做服务设计，公司业务蒸蒸日上。好友小军看到小韩的生意风生水起，决定入股，并告诉小韩放弃与之前的合伙人合作，自己做渠道可以另赚取 50% 的收入。由于自我膨胀加上合伙人小军的游说，小韩开始谋算自己做渠道，用房子作抵押贷款筹集了资金。然而有了足够资金时，小韩和小军却没有把钱立即运用到研发营销渠道上，而是大肆挥霍，过上了纸醉金迷的生活。这样的生活持续了半年，公司账上的钱越来越少，公司员工陆续离职，最终导致局面无法控制，公司彻底崩盘。

（3）小富即安。小富即安的思维在一定程度上限制了许多企业的发展，有些创业者在事业小有成就之时就失去了进取心，不再计划将企业做大做强，不再积极拓展新的业务，进而阻碍了企业的进一步发展。

（4）缺乏创新。创业的过程就是不断创造与创新的过程，创新是企业唯一的生命主线，失去创新，企业将停滞不前，甚至衰亡。企业得以生存与发展的根本就是能满足人们不断增长的物质与精神需要，要做到这一点，唯一的出路就是创新。

## 二、创业的风险防范

### （一）树立识别创业风险的基本理念

1. 有备无患的意识

创业风险无处不在，它的出现是正常的，且一般都可能会带来一些损失。此时，作为创业者，既不能怨天尤人，又不能骄傲轻敌，而应密切把控创业风险，减少损失，化解不利情况，甚至将创业风险转化为盈利的机会。

2. 识别创业风险的能力

发现和识别创业风险，是为了防范和控制创业风险。当企业进行决策、计划时，是否可以发现潜在的创业风险，避免创业风险，对于创业者来说是尤为重要的——这种能力来源于实践中形成的经验或判断。

3. 未雨绸缪的观念

创业者不仅要识别当前面临的创业风险及可能产生的后果，更重要的是识别创业过程中各种潜在的创业风险，采取有效措施提前做好准备。

4. 持之以恒的思想

由于创业风险伴随着整个创业过程，同时又具有可变性和相关性的特点，因此创业者必须做好打"持久战"的准备，将创业风险的识别工作作为企业的一项持续性、制度化的工作。

5. 实事求是的精神

虽然创业风险识别是一个主观过程，但是必须遵循客观规律。为了更好地识别和防范创业风险，企业在识别创业风险时应按特定的程序、步骤，选用合适的方法层层递进地分析各种现象。

（二）外部风险的防范

1. 应对宏观经济环境及政策法规的变化

（1）选准恰当的时机。任何一个国家或地区都存在经济周期，创业企业要把握大致的市场动向，在经济下滑阶段或是萧条阶段可以开始创意研发，在宏观经济繁荣时期和经济上升期进行市场运作，在周期的上升阶段，投资形式和市场需求都被看好，商业风险相对较小，企业可以降低成本，提高收益。

（2）重视环境和市场的选择。创业企业应谨慎对待选址和市场开拓，不仅要注重行业发展特点，而且应对企业预选地区的政策、文化及自然环境进行综合考虑。此外，市场开拓从哪里开始、整体发展规划如何，都应结合所在国家或地区的宏观环境和相应的政策法规进行综合考量。

（3）了解政策法规。创业企业在选择项目时就应该充分了解国家及地方对相关产业的政策法规及该行业的法治动向。同时，对关于企业的组建、运营及市场的各类法律和规范，创业企业应了解透彻，掌握最新的动态，善于发现和利用发展机会。

（4）冷静对待法规的变化。如果政策法规有所改变，创业者应冷静分析，思考如何利用新出现的商业发展机会，或如何采取有效措施规避有可能出现的损失。

2. 应对市场变化

不管是企业还是企业的产品，都需要面对市场，而市场不是固定不变的，它会随着当前的各种因素发生变化。创业者可从以下三个方面来应对：

（1）有效的市场调查。只有进行有效的市场调查和分析，才能了解顾客的需求，这是保证产品或服务有市场的可行方法。市场调查不仅包括项目创意的调查，而且要贯穿产品研发和试制过程的始终，成为可依赖的标准，切实指导产品的开发和改进。只有这样，新技术、新产品才能有顾客、有市场、有存在的价值。

（2）新领域的先锋。新技术、新产品不仅能适应顾客需求、满足顾客需要，而且能够发掘并引发新的市场需求，动态地改变消费者的偏好，成为新领域的先锋，由被动适应变为主动引领。

（3）扎实高效的组织。仅有好的创意、好的机会还不足以真正成就一个企业，新技术、新产品的实现和推广，特别是进入市场以后的环节，更要依靠扎实高效的团队。因此，只有建立高素质、善于学习和能够主动适应市场的团队，才能将新技术、新产品的营销推广策略真正落到实处，达到企业预期的效果。

3. 应对竞争对手

（1）掌握核心技术，限制竞争。如果创业依托的技术有专利权，那么将在很大程度上排除出现同类竞争项目的可能性，降低投资成本和投资的商业风险。

（2）紧密关注同领域的动向。在研发阶段，应密切关注其他企业类似的工作进展情况，从而挖掘自己产品的优势，为产品上市后如何跟进开展商业活动提供可执行的方案。

（3）选择高技术的项目。高技术项目能够有效地延长其他企业跟进的时间，如果项目的技术含金量足够高，那么其他企业就无法在短时间内通过完全破解技术配方或关键内核仿制新产品。在此期间，创业企业可以确保收回投资、获取利益并占据较大的市场份额。

（4）重视产品的更新换代。当第一代产品还在研发过程中时，就要着手制订后续系列产品的开发计划，并在生产规划中详细论证以确保开发计划的实施。因此，创业企业一方面要抓紧时机生产出新一代的产品，以完善原有产品，更好地满足顾客的需求；另一方面还要优化生产工艺和销售渠道，在成本和价格方面适应市场竞争的需要。

（5）注重产品的多样性。在当今市场竞争日益激烈的情况下，创业企业推出主打产品的同时一定要采取产品多样化的战略，以扩大市场的占有率，有效地防止竞争者的模仿和进攻。

4. 应对资金风险

资金是每个企业运营的关键因素，创业者在面对资金风险时，应多留意整个市场价格的波动趋势，发现有价格变化苗头时，应主动地采取措施。同时，企业要动态地配置生产资源，根据市场变化调整进货量、存货量和出货量。创业者要通过观察市场变化、内部调控等方式，顺利应对资金风险，同时还要争取将风险变为机遇，占领市场先机。

5. 应对信用危机

创业者要提高警惕，对投资者、技术持有者、管理和技术开发人员、供应方等各方人员或组织的资本信用状况、技术和资金能力等都要了解清楚。另外，创业者要利用法律工具保护自己和他人的合法权益，如细致有效的合同等。

### （三）内部风险的防范

**1. 应对投资分析风险**

传统行业的投资分析都是在产业的历史发展经验数据和可靠材料的基础上进行的，而创业企业绝大多数是高新技术企业，往往缺乏历史数据的支撑。创业企业进行投资分析时，仅凭创业者的直观感受或一些不太成熟的调查数据，准确度往往很低。此时，创业企业可参考相关行业的发展情况，通过横向比较得出差异与共性，为自己的决策提供可参考的依据，采用估计和统计的方法，在实施时注意动态分析和适时调整，不仅要考虑计算得出的数据，而且要考虑环境的变化和企业的真正发展需要。

**2. 应对技术风险**

（1）专利或知识产权的保护。新技术可以估价入股成为创业企业的无形资产，因此寻求专利或知识产权的保护是不容忽视的重要环节。

（2）技术保护。除了专利的保护，在新技术或新产品推向市场之前，还应考虑加入技术成分的保护，如设法使他人无法通过成分检测破解化学配方，在机器的核心电路部分设置加密芯片或进行封装，在软件内核加入监控毁灭程序等。

**3. 应对管理危机**

由于学生的创业企业刚刚组建，管理团队一般比较年轻，彼此缺乏默契，加上管理经验不足，团队又需要在短时间内完成新技术、新产品的生产和推广，因而会出现很多管理问题，创业者必须积极采取措施进行应对。

（1）借用外脑。针对创业企业管理队伍年轻化的问题，在公司起步这一关键的发展阶段，可以考虑与风险投资公司或孵化公司合作，邀请有经验的人士参与经营管理，也可以聘用各方面专业人才加盟，以带动整个组织及管理团队的成长和进步。

**【案例】**

浙江某大学商学院的学生小赵和几位同学共同成立了一家公司，把公司定位为会计培训服务企业，聘用了在校的老师和一些在大企业工作的财务经理来指导授课，不久后，会计培训班顺利开班并开始盈利。到了创业中后期，团队成员积累了更多经验，专业知识扎实，他们又开办了一些高级职称和注册会计师的培训班，聘请了更多的专家来指导授课。因考证通过率较高，报名的人数越来越多，两年后，在小赵他们即将毕业时，这家公司已经成为当地最大的会计培训公司。

（2）培养团队精神。一个企业的成功，并不是靠各个部门的单打独斗，而是需要各个部门协作，积累并形成自身的企业文化。面对当前竞争日益激烈的市场，企业更应该关注团队人才的培养，强化团队精神建设，塑造符合自身发展目标的企业文化。

（3）控制人员的流失。由于创业企业比较容易遇到各方面的创业风险和阻力，因此企业常常要面对技术、管理和销售服务人员的流失问题，需要根据不同类型人员的特点采取相应的措施。对技术和管理型人员，可以考虑分配一定数额的企业股份，制定有效的激励政策和绩效考评机制；对销售服务人员，可以根据业绩评估，及时提高工资与福利待遇，建立完善的晋升制度，做到奖惩分明，同时加强销售服务人员从业素质的培训。

4. 应对财务危机

（1）放弃追求高利润。大多数创业者在企业略有起色的时候都急于向外界表现自己的经营能力，而利润恰好是最有说服力的证据，但这对于新企业来说往往弊大于利。企业业务的快速膨胀会使存货、应收账款等项目占用了大量资金，而此时企业的经验和应变能力都比较弱，任何一个环节出现问题都会引发综合性的财务问题。因此在企业发展初期不应过多地追求利润指标。

（2）利用现代财务分析工具。良好的财务管理是达到创业目标的必要条件，如情况允许，企业可使用先进的财务分析工具对财务状况进行控制。一般来说，企业需要进行现金流量分析、现金流量预测以及制定完善的现金管理机制。

（3）适时调整财务结构。如果企业的销售额提高，企业的成长速度就会大于资本结构的成长速度。因此，企业的每一次成长，都需要一个新的财务结构，根据实际的发展情况进行相应的调整。

（4）进行资金规划。资金规划对大多数新企业来说是求生存的必要工具，如果成长中的企业能够事先合理地为资金需求及资金结构做好一定周期的计划，那么在需要资金时，无论资金的种类、时间及需求如何，企业通常都不会出现太大的问题。如果等到企业的成长超过资金基础及资金结构的成长后再进行财务规划，此时往往已经出现问题，企业的发展也会受阻。

（5）制定财务制度。制定出一套完善的财务制度，才能对应收款项、存货、成本、服务、销售等进行合理有效的控制。同时，企业应随时根据实际情况调整企业的财务制度，保证严格执行。

## ◎ 参考文献

[1] 张业平，王建东. 大学生就业与创新创业教程［M］. 北京：人民邮电出版社，2019.

[2] 江思华. 基于职业生涯规划理论的大学生创新创业教育开展分析［J］. 产业创新研究，2020（04）：95-97.

[3] 李敏. 基于职业生涯规划的大学生创新创业教育研究［J］. 兰州教育学院学报，2019，35（12）：117-118，123.

[4] 丁继安，翁士增，李晓英. 大学生创业实践［M］. 杭州：浙江大学出版社，2011.

[5] 石寒笑，张艺. 大学生职业生涯发展与规划［M］. 北京：清华大学出版社，2017.

[6] 杨洪，秦晓燕. 大学生就业指导［M］. 北京：人民邮电出版社，2019.

[7] 程欣，吕久燕. 大学生职业生涯规划与就业创业教育［M］. 北京：北京邮电大学出版社，2017.

# 第六章  创新、创业精神与人生发展

## 第一节  创新、创业精神概述

### 一、创新与创新精神

2014 年 8 月 18 日，习近平总书记在主持召开中央财经领导小组第七次会议时强调创新始终是推动一个国家、一个民族向前发展的重要力量。我国是一个发展中大国，正在大力推进经济发展方式的转变和经济结构调整，必须把创新驱动发展战略实施好。实施创新驱动发展战略，就是要推动以科技创新为核心的全面创新，坚持需求导向和产业化方向，坚持企业在创新中的主体地位，发挥市场在资源配置中的决定性作用和社会主义制度优势，提高科技进步对经济增长的贡献度，形成新的增长动力源泉，推动经济持续健康发展。

（一）创新的概念

从哲学内涵阐述，创新是人的实践行为，是人类对于发现的再创造，是对于物质世界矛盾的利用再创造。人类通过对物质世界的再创造，制造新的矛盾关系，形成新的物质形态。

从社会学角度阐述，创新是指人们为了发展需要，运用已知的信息和条件，突破常规，发现或创造某种新颖的、独特的、有价值的新事物、新思想的活动。

从经济学角度阐述，创新概念源于美籍奥地利经济学家熊彼得（Joseph Alois Schumpeter）在 1912 年出版的《经济发展概论》。熊彼得在著作中提出，创新是指把一种新的生产要素和生产条件的"新结合"引入生产体系。1985 年，被誉为"现代管理之父"的彼得·德鲁克（Peter F. Drucker）发展了创新理论。他提出，任何使现有资源的财富创造潜力发生改变的行为，都可以称为创新。

综上所述，本章节认为，创新是指以现有的思维模式提出有别于常规或常人思路的见解，利用现有的知识和物质，在特定的环境中，本着理想化需要或为满足社会需求，而改进或创造新的事物、方法、元素、路径、环境，并能获得一定有益效果的行为。

（二）创新精神

创新精神属于科学精神和科学思想范畴，是进行创新活动必须具备的一些心理特征，包括创新意识、创新兴趣、创新决心、创新品质、创新技能以及相关的思维活动。

创新精神是一种勇于抛弃旧思想旧事物、创立新思想新事物的精神。例如，不满足已有认识，不断追求新知；不满足现有的生活生产方式、方法、工具、材料、物品，能根据实际需要或新的情况，不断进行改革和革新；不墨守成规，敢于打破原有条条框框，探索新规律、新方法；不迷信书本、权威，敢于根据事实和自己的思考，质疑权威；不盲目效仿别人的想法、说法、做法，不人云亦云、唯书唯上，而是坚持独立思考，说自己的话，走自己的路；不喜欢一般化，追求新颖、异想天开、与众不同；不僵化、呆板，能灵活地应用已有知识和能力解决问题等，都是创新精神的具体表现。

创新精神以敢于摒弃旧事物旧思想、创立新事物新思想为特征，同时，创新精神又以遵循客观规律为前提，只有当创新精神符合客观需要和客观规律时，才能顺利地转化为创新成果，成为促进自然和社会发展的动力。创新精神提倡新颖、独特，同时又受到一定的道德观、价值观、审美观的制约。

创新精神是一个国家和民族发展的不竭动力，也是一个现代人应该具备的素质，只有具有创新精神，我们才能在未来的发展中不断开辟新的天地。

**【案例】**

　　谢玲是某知名大学的学生，刚进校时，谢玲带的钱还不够交学费，那时，她就决定以后要自己挣钱交学费，养活自己。

　　"很多人都想创业，只是很多人不知道从何处入手。"谢玲说，她的创业是从校园中的"小买卖"做起的。谢玲发现学生喜欢看《英语周报》，她就通过努力当上了校园代理，最终卖出了 700 份左右，挣了六七千元，淘到自己的第一桶金。

　　后来一个偶然的机会，谢玲看到教务处贴的征订下学年教材的通知，学生可自愿购买，她从中发现了商机，于是跑到书城和旧书市场联系资源。由于她卖的教材比较便宜，因此很受学生欢迎，做得最好时，她一年能挣八九万元。


## 二、创业与创业精神

### (一) 创业的概念

"创业"一词由"创"和"业"组成。《现代汉语词典》对创业有如下解释：所谓"创"一般是指创建、创新、创意，"业"是指学业、专业、就业、事业、家业、企业等。

对创业的定义和理解，存在不同角度和范畴，有广义和狭义之分。

广义的创业定义为"创造新的事业的过程"，即"创建一番事业"。从广义的角度去看个人的创业，可以理解为是一个人根据自己的性格、兴趣、所学专业、能力等选择适合的职业，并为这个职业的成功准备各种条件，直至实现自己人生目标的过程和结果。也可以说是一个人为了实现自己的人生目标，从事社会发展所需要的工作，为社会发展做出贡献的经常性活动。

狭义的创业定义为"创建一个新企业的过程"，是指创业者个人或创业团队白手起家，转变择业观念，以资源所有者的身份，利用知识、能力和社会资本，通过自筹资金、技术入股、寻求合作等方式创立新的社会经济单元，即不做现有就业岗位的填充者，而是为自己、为社会更多人创造就业机会。

### （二）创业精神

广义的创业精神是一种能够持续创新成长的生命力，即以有限的资源追求无限的理想。一般可以分为组织的创业精神和个体的创业精神。

组织的创业精神是指在已存在的一个组织内部，以群体力量追求共同愿景，从事组织创新活动，进而创造组织的新面貌。

个体的创业精神也可以称为企业家精神，即某个人或某个群体通过有组织的努力，以创新的和独特的方式追求机会、创造价值和谋求增长，不管这些人手中是否拥有资源。创业精神包括发现机会和调度资源去开发这些机会。哈佛商学院将"创业精神"定义为"追求超越现有资源控制下的机会的行为"。他们认为，创业精神代表一种突破资源限制，通过创新来创造机会的行为。创业精神隐含的是一种创新行为，而不是一个特别的经济现象或个人的特质表现。

创业精神具有以下十个方面的特质：

1. 远大理想

每一个成功的创业者都是一个绝对的梦想家。比尔·盖茨在创业之初的梦想就是让每个家庭都能用上互联网，飞机的发明源于福特兄弟"人类也能在天空中像鸟一样飞翔"的梦想……历史上每一个伟大的企业都是起源于创业者的一个伟大梦想。如果想创业，就一定要先确定一个具有强烈吸引力的大梦想、大目标。

2. 坚定信念

首先，要有创业成功的自信。一个人相信有什么结果，就可能有什么作为，一个人如果连自己都不相信能创业成功，他是不可能去争取和追求的。其次，要有创业的责任感。现代学生应担当创业重任，上为国家做贡献，下为自己谋出路。再次，要有永不言败的创业精神。即使身处逆境，也能奋力抗争，不断追求，这样才能造就壮丽的创业人生。

3. 坚强意志

坚强的意志包括坚持、专注以及克制诱惑的能力。很多实例证明，创业者不断坚持的精神能够解决任何问题。创业意志指个体能百折不挠地把创业行动坚持到底以达到目的的心理品质。创业意志包括：一是创业目的明确，二是决断果敢，三是具有恒心和毅力。

### 4. 积极心态

积极的创业心态能使人发现潜能、激发潜能、拓展潜能、实现潜能，进而帮助他获得事业上的成就和巨大的财富。积极的创业心态包括：一是拥有巨大的创业热情，二是要清除内心障碍，三是要克服困难、创造条件变不可能为可能。

### 5. 敢为气魄

虽然创业的过程对于很多人来说是一个充满激情与喜悦的过程，但它同样也充满风险、艰辛与坎坷。从风险的角度来说，创业的过程实际就是一个不断挑战风险的过程，是一个风险与收益博弈的过程。真正的创业者不是要万无一失地去做事情，而是要尽量规避风险以获得高回报。所以，拥有敢作敢为的气魄，是创业者必须具备的精神品质。

### 6. 诚信态度

诚信是创业者的精神基石，也是创业者的立身之本。在创业者修炼领导艺术的所有原则中，诚信是绝对不能妥协的原则。市场经济是法治经济，更是信用经济、诚信经济。没有诚信的商业社会，将充满极大的道德风险，显著抬高交易成本，造成社会资源的巨大浪费。

### 7. 善于合作

小富靠个人，大富靠团队。合作是创业者精神的精华。正如艾伯特·郝希曼所言："创业者的重大决策是实施集体行为而非个人行为，真正的创业者都是擅长合作的，而且这种合作精神需要扩展到企业的每个员工身上。"

### 8. 承担责任

创业精神也包括创业者必须承担社会责任并且甘于奉献的精神。一个创业者所做的事业，应该把实现社会价值和赚取阳光财富有效结合起来。一个成功的创业者应该是一个有社会责任感的人。

### 9. 超强适应力

成功的创业者一定要有超强的适应力，不但能够适应艰苦的生活，也同样要能够适应成功与富足，特别是在取得暂时的阶段性成功的时候，一定不能被胜利冲昏头脑。只有迅速适应新的环境，将自己及企业的状态调整到符合新情况的状态，才能使企业一直走正确的道路，这也是一个成功创业者必须具备的精神力量。

10. 创业个性

创业成功者，一般都具有鲜明且独特的个性品质：一是敢冒风险。创业的价值就在于创造出自己独特的东西，要敢于冒风险，敢于走前人和别人没有走过的路。敢冒风险是理智基础上的大胆决断，是自信前提下的果敢超越，是新目标面前的不断追求。二是专注。高度专注于创业目标，全身心融入创业行动之中，不轻言放弃，不受外界干扰。三是独立自主。能独立自主地思考，独立自主地解决创业过程中的困难和问题，不屈不挠。

【案例】

某大学数学与统计学院的学生小王和小聂，毕业后在家乡经营家庭农场，发展苗木经济，创业一年多，销售额达 500 多万元。

创业之初，两人通过银行贷款 10 万元，承包了 100 多亩土地，雇人种植树苗，并主要通过网络寻找求购树苗的信息，推销树苗。刚开始，他们一天打出去 400 多个电话，订购者却寥寥无几。后来有一天，他们终于接到了第一笔订单：一个客户订购 1400 棵树苗。得知消息后，两人立刻组织员工给客户挖树苗。两人白天陪同客户选树苗，晚上组织工人把树苗装车，一直忙到第二天凌晨四点，这样持续了一个星期，树苗才全部装车运输完毕。这笔生意让他们收入 10 多万元，此后两人种植的树苗逐渐打开了销路，他们的收入也逐渐增加。

## 三、创新与创业的关系

### （一）创新是创业的动力和源泉

创业通过创新拓宽商业视野、获取市场机遇、整合独特资源、推进企业成长。创新能力是最重要的创业资本，创业者在创业过程中需要具有持续旺盛的创新精神、创新意识，需要独特、活跃、科学的思维方式，这样才可能产生富有创意的想法或方案，才可能不断寻求新的思路、新的方法、新的模式、新的出路，最终获得创业成功。

### （二）创新的价值常常体现于创业

创新的价值就在于将潜在的知识、技术和市场机会转化为现实生产力，实现社会财富增长，造福人类社会。通过创业可实现创新成果的商品化和产业化，将创新的价值转化为具体、现实的社会财富。创业者必须具有能发现潜在商业机会并敢于冒险的特质，科技创新成果也必须经由创业者推向市场，使其潜在价值市场化，使创新成果转化为现实生产力。

### （三）创业的本质是创新

创业应该是具有创新精神的个体与有价值的商业机会的结合，即开创新的事业，其本质在于把握机会、创造性地整合资源、实施创新和超前行为。创新包括技术创新、制度创新和管理创新。对于创业者及其所创建的企业来说，创新就是将新的理念和设想通过新产品、新流程、新市场需求以及新的服务方式有效地融入市场，进而创造新的价值或财富的过程。

### （四）创业推动并深化创新

创业可以推动新发明、新产品或新服务的不断涌现，创造出新的市场需求，从而进一步推动和深化科技创新，进而提高企业或者整个国家的创新能力，推动经济增长。创业的关键在于创新，创新是创业的源泉，持续创新必然推动和成就创业。创新和创业相辅相成，二者的动态融合以及相互影响对于创业成功和企业成长至关重要。创新和创业的融合是一个动态整合、集成与优化的过程，在这一过程中，创新精神、创业能力和市场意识始终是创业成功和企业持续成长的内在动力。

## 第二节 创新、创业精神与个人职业发展的关系

### 一、个人职业发展概述

个人职业发展即职业生涯发展。广义的职业生涯是指职业能力的获得、职业兴趣的培养、选择职业、就职，直至最后完全退出职业劳动的完整的职业发展过程。狭义的职业生涯是从踏入社会、从事工作之前的职业训练或职业学习开始直至职业劳动最终结束、离开工作岗位为止。

### （一）个人职业发展目标的确定

个人职业发展目标的确定是一个人职业生涯中最基本、最重要的内容。确定个人发展目标，先要确定个人职业发展的方向，从而确定个人职业发展目标。

1. 个人职业发展方向的确定

个人职业发展方向就是以个人现在所处的位置为起点到准备到达的目的地的方向。如果把入职比作一个圆的圆心，代表个人所处的位置，那么围绕在圆心周围的圆周上存在着无数个可能的职业发展方向，只有选择了正确的方向，才能确定正确的职业目标，才能最终到达目的地。

个人职业发展方向的确定，就是人生目的地所在方向的确定。这一方向应该具有以下几个显著特点：①与自己核心的人生价值、人生抱负一致；②与自己最强烈、最持久的兴趣相符；③与自己的智能特点、潜力匹配；④与自己的个性特征协调；⑤符合社会发展需要，顺应社会发展的大趋势；⑥远望可及，不是空想，经过努力有望实现。

2. 个人职业发展目标的确定

个人职业发展目标的确定既要科学合理，又要明确可行。一般确定的原则是由远而近、由粗而细。如果对长期目标较为模糊，则可以用一些表明追求的句子代替具体的职位，如用"活得有权威、有意义"代替"政府高级官员""企业老总"等较具体的职位名称。近期目标必须明确具体，可以有多种选择，且应该具备一定的难度。

## 二、创新、创业精神与个人职业发展的关系

创新、创业精神不是与生俱来的，而源于后天的学习、思考和实践。创新、创业精神一旦形成，就会对人的一生产生重要的影响。这种影响不仅体现在创业者创业准备和创业活动的始终，还体现在日常的工作、学习和生活中。从某种意义上说，创新、创业精神不但决定个人职业发展的态度，还决定个人职业发展的高度和速度。

### （一）创新、创业精神决定个人职业发展的态度

作为一个社会人，不管是创业者还是普通工作者，其职业发展必然受到各种社会因素的影响。但是，不同的人由于其职业发展的态度不同，所以在面临各种各样的发展机遇时其选择也不相同。而创新、创业精神作为一种思想观念、个性心理特征和行为模式的综合体，必然会对人的职业发展态度产生重要影响。例如，创新、创业精神中的拼搏精神、进取精神、合作精神等，能使人树立积极的生活态度，在顺境中居安思危、不懈奋斗，在逆境中不屈不挠、排除万难，重新找到职业发展的方向。

### （二）创新、创业精神决定个人职业发展的高度

创新、创业精神是一个人核心素质的集中体现，它不仅决定了一个人在机遇面前的选择，而且决定了一个人的职业目标和事业追求。具有创新、创业精神的人，无论是创办企业，还是在各种企事业单位就业，都会志存高远、目光远大、心胸宽广。这样的人不但在事业上会取得更大的成绩，在个人品德和修为上也会达到更高的境界。

### （三）创新、创业精神决定个人职业发展的速度

创新、创业精神是一种主动创造的精神，这种精神能让人积极主动、优质高效地做好每一份工作，在平凡的岗位上做出不平凡的成绩。实践证明，具有创新、创业精神的人，不管在什么岗位，做什么职业，其强烈的成就动机、追求效率的欲望，都将转化为内心强劲的追求事业成功的动力。在这种动力驱使下，人

们会将眼前的工作作为未来事业发展的起点，把握好生命中的每一个机会，做好自己从事的每一项工作。

当前，我国正处于改革开放攻坚时期，这是一条从未有人涉足过的路，所以既不能在书本中找答案，也无法从前人经验中寻找固定模式，更不能凭空想和辩论来解决出路问题。在这种背景下，富于创新、创业精神的人，敢于靠自己的实践探索，"摸着石头过河"，接受更多挑战，完成更多任务，会取得更大成绩，得到更快发展。

【案例】

　　小彭在念书时就在校内创业尝试做二手服装的租赁生意，后来市场已经覆盖了本市几乎所有的高校，年营业额有望突破百万元。

　　一开始，小彭觉得学校里的服装租赁生意有市场，她便开始尝试，但是买服装需要大量资金，她只能退而求其次从外面租来服装再转租给客户使用，就这样，生意在不温不火中持续了几个月，小彭没有赚到什么钱，但却积累了不少经验。

　　后来，小彭的创业道路迎来了转机，当时学校举办了一场创业大赛，小彭和一名同学结伴一道成功入围了大赛，获得了学校免费提供的创业场地支持，并承办了学校的周年庆活动，得到了良好的反响。周年庆活动之后，小彭的公司业务量突然井喷，公司规模不断扩大，如今市内几乎所有高校都有服务点，公司面貌发生了翻天覆地的变化。

## 第三节　新形势下的创新、创业——"大众创业，万众创新"

2014年9月，李克强总理在夏季达沃斯论坛上首次公开发出"大众创业，万众创新"的号召。他提出，要在960多万平方公里的土地上掀起"大众创业""草根创业"的新浪潮，形成"万众创新""人人创新"的新态势。此后，李克强总理在首届世界互联网大会、国务院常务会议和各种场合中频频阐述这一关键词。

2015 年 5 月 4 日，国务院办公厅印发《关于深化高等学校创新创业教育改革的实施意见》，全面部署深化高校创新创业教育改革工作。其中指出，深化高等学校创新创业教育改革，是国家实施创新驱动发展战略、促进经济提质增效升级的迫切需要，是推进高等教育综合改革、促进高校毕业生更高质量创业就业的重要举措。各地区、各高校要落实立德树人根本任务，主动适应经济发展新常态，以推进素质教育为主题，以提高人才培养质量为核心，以完善条件和政策保障为支撑，促进高等教育与科技、经济、社会紧密结合，加快培养规模宏大、富有创新精神、勇于投身实践的创新创业人才队伍。

## 一、"大众创业，万众创新"的背景

从国际上看，一方面国际经济情况不容乐观，世界经济发展放缓，国际经济形势不稳定，国际市场需求减弱，传统产品的国际竞争压力进一步增大，我们必须通过增加国内市场需求来促进经济稳定发展。通过"大众创业，万众创新"来激发国内市场需求就成为必然的选择。另一方面国际市场需求要求提高，对产品本身的质量、技术含量和使用效能要求提高，对创新技术和创新产品的需求增加，这也必然要求我们通过"大众创业，万众创新"来创造出新的技术、新的产品和新的服务，从而稳定和增加我国产品在国际市场上的需求及份额。

从国内来看，一方面经济下行压力还在加大，国内市场需求有待进一步开发，经济发展环境"硬约束"进一步加强，我们就必须走集约发展、高科技含量发展、高附加值发展的道路。因此，我们必然要通过"大众创业，万众创新"来推动经济的转型发展。另一方面全面深化改革要想深入推进，就必然需要通过增强经济内生动力来支撑和促动体制和机制改革。因此，我们必须通过"大众创业，万众创新"来增强全面深化改革的动力和活力。

## 二、"大众创业，万众创新"的重点

### （一）打通科技成果转化通道

科学技术要转化成生产力，关键是如何促进"万众"的创新用于"大众"

的创业，这就要求我们减少对创新转化的限制，加强创新转化的对接，增强创新转化的活力。因此，我们必须打通科技成果转化渠道，鼓励各式各样的创新直接用于创业、合作参与创业、转让促进创业等。从深层次来看，促进科技成果转化的关键在于激励人们主动创造新成果和愿意转化新技术。因此，我们要加快科技成果使用处置和收益管理改革，扩大股权和分红激励政策实施范围，完善科技成果转化、职务发明法律制度，使创新人才分享成果收益，从而促进科技人员愿意创新、愿意创业、愿意转化。

### （二）引导新兴科技产业发展

新兴产业是先进生产力的代表，是高科技创新的前沿，是高附加值创业的重点。因此，我们要重点支持扶持新兴科技产业的发展，引领万众向高科技方向创新，带动大众向高科技新兴产业上创业汇聚，从而促进我国经济在深层次上的转型升级。

### （三）推进各项产业"互联网化"发展

信息化是当今时代的突出特点，互联网已经成为人们生产和生活的重要组成部分，这就必然要求各项产业要适应"互联网化"的时代要求，要主动地、广泛地、深度地与互联网结合，在"互联网化"发展中创造更多更大的经济价值和社会价值。

## 三、"大众创业，万众创新"的理论意义和现实意义

### （一）"大众创业，万众创新"的理论意义

1. 揭示了创新创业理论的科学内涵和本质要求

"大众创业，万众创新"的提出把创业、创新、人和企业这几个关键要素紧密结合在一起，不仅突出要打造经济增长的引擎；而且突出要打造就业和社会发展的引擎，不仅突出精英创业，而且突出草根创业、实用性创新，体现了创业、创新、人和企业"四位一体"的创新发展总要求，揭示了创新创业理论的科学内涵和本质要求，为创新创业理论和实践研究开辟了崭新的天地。

2. 反映了人类创新发展历史和经济发展的一般规律

人类社会发展史实际上就是一部大众创业、万众创新的历史。例如，蒸汽机革命中许多重大技术都是由技工发明的，我国改革开放以来的实践也充分说明了这一点。因此，推进创新创业必须要改变"选运动员"的方式，应在全社会宣传创新精神和企业家精神，营造公平竞争的市场环境，让广大人民群众参与创新创业的大潮，使大量优秀人才在创新创业的伟大实践中脱颖而出。

## （二）"大众创业，万众创新"的现实意义

1. 是推进供给侧创新的重大结构性改革

推进供给侧结构性改革，是当前我国经济发展的重大任务。综合来看，供给侧结构性改革，主要是指对要素投入侧和生产侧的重大、关键性改革。"大众创业，万众创新"既可以大幅增加有效供给，增强微观经济活力，加速新兴产业发展，又可以扩大就业，增加居民收入，还有利于促进社会纵向流动和公平正义，是经济发展的引擎。在当前形势下，要紧紧围绕打造"大众创业，万众创新"这一中国经济增长的新引擎、新动力，大力推进政府监管、投融资、科技体制的机制改革以及生物医药与健康、新能源、节能环保、通用航空、文化旅游等重点领域的改革。

2. 以其草根性成为普通大众收获新一轮改革开放红利的最直接方式

在工业化时代的市场经济条件下，创业和创新所需要的资金、技术门槛高，不是普通大众能轻易迈过去的。今天，互联网的广泛应用和低门槛使机会平等成为可能，依托于"互联网+"的创业和创新无处不在，普通大众都可以参与其中，并找到获得成功的机会。推进"大众创业，万众创新"，就是要让更多的人富裕起来，让更多的人实现人生价值，这有助于调整收入分配结构，促进社会公平，也会让更多年轻人，尤其是贫困家庭的孩子有更多的上升通道。

3. 顺应了当代社会生产力和生产方式的新变革，是对传统经济条件下创新创业的超越

科学技术的革命性变化带来创新组织模式发生重大变化。大数据、云计算和移动互联网的快速发展，使创新呈现出明显的个人化、小规模、分散式、渐进性特征，创业创新活动变成了人人可及的事情。众创、众包、众扶、众筹等一批集

众人之智、汇众人之财、齐众人之力的创意、创业、创造与投资活动如雨后春笋般应运而生，使得那些有梦想、有意愿、有能力的人，无论是受过高等教育的科技工作者、大学毕业生，还是普通农民、家庭妇女、退役军人、失业人员，甚至有的残障人士等都可以参与进来，都可找到"用其智、得其利、创其富"的机会和空间。

◎ 参考文献

[1] 董青春，董志霞 . 大学生创业基础 [M]. 北京：经济管理出版社，2007.

[2] 李伟，张世辉 . 创新创业教程 [M]. 北京：清华大学出版社，2015.

[3] 程欣，吕久燕 . 大学生职业生涯规划与就业创业教育 [M]. 北京：北京邮电大学出版社，2017.

[4] 曹裕，陈劲 . 创新思维与创新管理 [M]. 北京：清华大学出版社，2017.

[5] 苏文平 . 大学生职业生涯规划与就业创业指导 [M]. 北京：中国人民大学出版社，2018.

# 第七章　商业模式选择

## 第一节　依附式创业模式

### 一、依附式创业模式的概念

依附式创业模式是创业者以加盟其他公司进行直接销售、区域代理或者购买特别许可经营权的方式来销售商品或者服务的创业形式，目前大学生和研究生们主要的加盟行业是饮食、服饰、化妆品等技术含量不高但是需求量较大的行业。资金筹集的方式一般是加盟个人或者加盟团队合伙出资，管理上采取总店或者加盟中心给出的统一模式，由总部派出专门人员进行自我雇佣和自我管理的指导，而且总部会提供部分资源支持和经验分享，让创业者少走弯路。

这种创业模式的优点是在经营管理上有章可循，可以吸取借鉴经验，也可以利用既有产品的品牌效应来减少经营的风险，同时增加经济效益，被称为"站在巨人肩膀上的创业"。这种创业模式的缺点是现有的经营模式会大大地禁锢创业者的经营自主性和创造性，很难达到高额的收益；由于这种经营模式的技术含量不高，而且劳动用工较多，因此会比较强调合同的签订，进而容易导致加盟者与总部之间所签订的合同条款不够完善或执行不到位而产生大量纠纷。

## 二、依附式创业模式的形式

### （一）代理创业

代理创业是一种很常见的创业方式。所谓代理创业就是创业者借助其他公司的商品和品牌，拥有一个单独的平台销售商品的创业模式。这种创业模式适合初次创业者，可以帮助创业者学习更多的专业知识和创业经验。

现在很多厂商并不直接面向消费者进行终端销售，而是选择代理商，由各级代理商进行终端销售。因此，想要加入某厂商的市场体系，或是代理销售某厂商的产品，就必须找到合适的厂商。

【案例】

　　小吴的家庭经济状况一般，考上大学后，为了减轻父母的负担，小吴不但申请了学校的勤工助学，还四处找机会赚钱。大二时，学校公开招标一些院系的院服订做项目，小吴看到了商机，经过仔细调研后在网上查出一些生产商的地址，主动上门与厂家谈生意。在确定了学校的院服投标价和货源后，小吴在投标当日以绝对的优势拿下了学校的院服项目。虽然第一单代理院服的生意只赚了 8000 元，但这让小吴在创业路上渐渐找到了感觉。

### （二）加盟创业

加盟创业是采用加盟的方式进行的创业，一般方式是加盟开店。调查资料显示，加盟创业成功的比例较高，在相同的经营领域，个人创业的成功率远远低于加盟创业的成功率。

加盟创业的关键是选择加盟商。因为加盟创业并不是根据创业者自己的产品、品牌和经营模式创业，而是借助和复制别人的产品品牌和经营模式，所以加盟商的质量直接决定了创业者的创业前景。一般来说，选择加盟商时应重点考虑行业、品牌等方面。

1. 选择有活力的行业

只有充满活力的行业才具有广阔的发展空间，才能提供持续的市场需求。目前较为活跃的加盟代理主要有餐饮美食、服装饰品、美容美体、家居建材、汽车销售、汽车美容等行业。

2. 选择有生命力的品牌

品牌是企业产品质量和内在品质的象征，一个好的品牌能够受到消费者的认可和推崇，因此创业者在选择加盟品牌时要有清晰的定位，以保障加盟店的稳步发展与持续盈利。

【案例】

　　小袁毕业后在一家公司从事了三年的会计工作，繁重的工作和经济上的压力让她十分苦恼，萌生了自己创业的想法。经过三个月的学习和考察，小袁选择了餐饮业，拿出了自己所有的积蓄走上了创业的道路，加盟了"××煎饼公司"。签订合约后公司很快派来了专业的老师帮助她在美食街租下了一间 15 平方米的店面，并对小袁进行了为期一个月的培训，该店一个月后才正式开门纳客。因煎饼品种多样，店铺地理位置极佳，该店客流不断，煎饼深受年轻消费群体的喜爱。一年后，小袁又开了第二家分店。

## （三）直销

直销就是指产品不通过商场、超市等各种传统的公众销售渠道进行分销，而是直接由生产商或经销商组织销售的一种营销手段。

直销的优点在于可以节省行销和广告费用；销售价格可以比其他店铺销售的同类产品低；通过直销可以开发出众多的忠实顾客；直销者的业绩越高，佣金越高，实现了真正的多劳多得，按劳取酬，从而激励更多的人加入。

【案例】

　　戴尔公司一向以直接面对客户为主要经营模式。戴尔公司为客户提供电话订购一对一咨询服务，帮助客户明确用途，选择最合适的机型，并为客户设立详细档案。这种销售模式的精华在于"按需定制"，在明确客户需求后迅速做出回应，并向客户直接发货。由于没有中间商环节，减少了不必要的成本和时间，戴尔公司能够有更多的时间为客户服务。戴尔公司的直销模式能以富有竞争力的价位，为每一位客户定制并提供具有优良配置且合适的机型。通过平均 4 天一次的库存更新，戴尔公司把最新的技术及时带给客户，并通过网络的快速传播和电子商务的便利性，为客户与本公司搭起沟通桥梁。

# 第二节 知识风险模式

## 一、知识风险模式的概念

知识风险模式是指创业者运用自己的专业特长等，通过知识雇佣资本来发展创业。这种模式的创业者通常具备一定的技术素养，但是在创业的同时往往需要大量的资金，而刚毕业的学生往往无法筹得这笔资金，于是他们会用自己的专利和技术成果来做一个资产估价，以吸引对其感兴趣的企业提供风险投资来帮助创业。目前这类创业主要集中在电子信息等高技术含量的行业，在经营形式上通常采取法人公司制，在管理上通常需要较强的团队合作精神。

这种创业模式的优点是具有很强的创新性，可以创造出很大的市场价值，甚至可以掀起一场技术革命，同时也可以发挥学生的专业特长。但其缺点是有着很大的不确定性，风险较大，刚毕业的学生缺乏组织能力和管理经验会导致内部纠纷不断，因此需要较强的团队合作精神。

## 二、知识风险模式的核心技术

核心技术能够帮助企业获取行业竞争优势，为企业的发展提供动力，是企业发展的基础，是企业组织内部经过整合与创新后所具有的知识和技术。核心技术根据其来源主要分为两种：一种是原创性技术，一种是模仿性技术。

核心技术分为狭义和广义两个概念，狭义的核心技术是指一些具有知识产权的专利技术和发明创造；而广义的核心技术可以表现为具体的科研成果、发明专利,也可以是诀窍、商业秘密、商誉、营销渠道、人脉优势等非具体但可依托的能力。

## (一) 核心技术的特点

### 1. 商业价值性

核心技术的商业价值体现在它的高效益上。企业核心技术的培育和形成为企业的长期发展奠定了基础,配合企业的良好运营,可以给企业带来持续的收益。商业价值是核心技术生命力和意义的关键所在,没有商业价值的技术,永远不能成为企业的核心技术。

### 2. 不可复制性

核心技术是企业基于对产业、市场和用户的深刻洞察,以及环境的长期孕育形成的,有独特的市场价值,能够解决重大的市场问题。同时其核心是一组有机联系的技术群,很容易进入多样化的市场而不被他人模仿,如 Intel 的芯片技术。

### 3. 技术领先性

核心技术有别于传统技术,它应该具有一定的时代领先性,但就有助于市场竞争而言,它并不是越超前越好,从商业竞争角度看,适度的技术领先最具有竞争力。

### 4. 延伸性

核心技术不是个别产品的特种技术,而是一系列产品的共同技术,因而它可以把许多不同的行业组合成紧凑的有机体。例如,某公司通过在数字多媒体芯片技术方面的突破获得巨大的成功,将移动数字影像技术运用到数码相机、宽带数字多媒体通信、数字高清晰电视中,形成一个巨大的产业。同时,核心技术也因被多行业共享而减少费用和风险。

### 5. 生命周期性

核心技术和其他产品一样具有生命周期性,技术的进步是快速的,企业一方面在大力培育自己的核心技术,另一方面也在突破其他企业核心技术铸造的技术屏障。所以,核心技术随着经济的发展、科技的进步,有可能被其他的技术或更新的技术所取代,或者面临功能上为其他技术产品所替代等风险。因此,企业在培育核心技术的同时需要不断地进行技术创新。

## （二）核心技术的作用

**1. 核心技术是核心能力与产品竞争优势联系的纽带**

根据树形理论，核心能力有核心能力—核心技术—核心产品—最终产品的延展能力。核心能力是企业竞争力的基础，产品才是竞争力的最终外在表现，二者之间不易产生直接关系，需要借助核心技术和产品技术才能使其联系起来。企业在核心能力的强有力支持下，以核心技术为依托，发展产品技术，进而开发出有竞争力的产品，以保持企业在激烈市场竞争中的优势地位。

**2. 核心技术是企业产品创新的基础**

核心技术是企业在一定技术水平条件下生产某种或某类产品不可缺少的、不可替代的战略性、长远性和取胜性的技术。核心技术能够为一系列产品提供技术支持，成为系列产品开发的技术平台，同时核心技术的发展还能够带动某个或某些技术领域的整体发展，能够带动一大批产品技术的提升，带动一大批新产品的诞生，形成创新集群现象。此外，拥有核心技术的企业可借助专利的保护，通过控制核心技术的转让，在一定程度上控制某种产品甚至整个行业技术发展的进程，从而在竞争中处于十分有利的地位。

**3. 核心技术是企业创造持续竞争优势的基础**

核心技术具有可以重复使用的特征，在使用过程中具有连续增长、报酬递增的特征。核心技术与核心产品是企业在市场中取得超额利润的主要因素，因此掌握核心技术的本质意义在于创造持续的竞争优势。

## 【案例】

小孔是某电子科技大学物理系的学生，他在读书期间就意识到在繁荣的汽车时代，汽车蓄电池在我国有着十分广阔的市场。早在入学时，小孔就开始着手研究汽车蓄电池，无论是节假日还是课余时间，他都在宿舍里摆弄蓄电池，有同学开玩笑："小孔一心要当老学究啦。"但小孔并没有理会这些声音，而是凭借对蓄电池研究的兴趣及对以后靠技术致富的渴望和信念，义无反顾地选择了这条艰苦的创业之路。很快，小孔研究的节能汽车蓄电池顺利获得了国家专利，得到国内多家汽车蓄电池生产厂家的青睐，他顺利地和北京的一个厂家签订了以科技专利入股的合约，成为一个学生股东。

# 第三节 模拟孵化模式

## 一、模拟孵化模式的概念

模拟孵化模式是一种大学生、研究生受到各种创业大赛以及高校创业环境的影响而进行创业的形式。很多高校都会举办类似的活动，也会鼓励学生申报一些创新创业的项目，参与过这些活动的学生与这些创意项目有了接触和了解，储备了一定的知识，熟悉了创业程序，也有了创业的经验。同时高校创业基金中心会对参赛项目进行股权式的投资来帮助创业者建立股份制公司，并且定期评估，找出不足，去粗取精，优胜劣汰，这对大学生、研究生创业者是一种激励和敦促。目前这些项目多为高科技行业，很多是高校所承担的研究课题。

模拟孵化模式具有较强的创新性，创业者可以得到高校的帮助以及政策的支持，包括一些行内专家教授的指导和相关资料的共享，还能享受免费的办公场所和人事服务、辅导咨询以及项目的管理和评估，有优惠的政策，创业者能学以致用，用理论联系实际，信息流通快，来源好。这种模式的缺点是大部分创业者在创业过程中受到已有知识经验的禁锢，对市场和竞争对手都缺乏了解，由此带来的数据不可靠的问题通常会让创业者走向失败。

## 二、模拟孵化模式的形式

### （一）大学创客空间

"创客"一词源于英文单词"maker"，主要是指综合应用科学理论、技术手段和实践经验，有效地配置自然资源、经济资源、社会资源、知识资源等各类资源，有目的、有计划、有组织地把创意变成人工集成物（包括设施、装备、产品等）的人，也就是说，创客是热衷于开拓创新、造物实践、协作分享的个人设计者或制造群体。

基于创客项目的学习简称"创客学习"，是指学生围绕来自真实情境的创客项目，充分学习、选择和利用各类学习资源，基于创客项目的"选题调研、创意构思、设计制作、测试迭代、评价分享"全生命周期，在知识建构、科学探究、技术集成和工程建造的过程中，持续地进行自主性、探究性、合作性和创造性学习，最终发展学生创客素养的一种新型的创客教育学习模式。

高校作为人才和知识的聚集地，正日益成为创客运动发展的主力军和推动力，国内越来越多的高校内设有创客空间，成为大学生和研究生创客们的新型创业乐园。大学创客空间采用以"创客学习"为主的教学方法，以尊重学生的主体性为前提，以发展学生的创造性（想象力、好奇心、学习兴趣和创新自信心）为核心，以培养学生的工匠精神、设计思维、创造性、批判性思维、实践智慧为目标，其本质在于让学生自觉自主地去学习、探究、实践、思考、协作、对话与创造。与其他创业模式相比，大学创客空间具有以下四个显著的特征：

1. 相对独立性

一般而言，大学创客空间是融合多种专业知识领域的创意集合体，它不同于专属某一专业或者某一行业的传统实验室，也不隶属于某一个专业或者学院。因此，大学创客空间一般设置于学校图书馆、创客梦工厂或学生科技创新活动中心等便于学生聚集的公共场所。在管理体制上，一般独立于学院管理之外，由学校教务部门或科研部门负责指导管理。

2. 开放共享性

大学创客空间的"低门槛特性"决定了它是一个面向全校师生开放的大众创新平台，不管学生来自什么学院，有什么样的专业背景，只要有创意梦想与创业意愿，就可以参与其中。它的魅力还在于其特有的共享性，为创客们提供了一个思维碰撞和主题开放的交流空间，大家分享各自的创意，借鉴各方建议，借助团队力量将无限创意变成现实。

3. 交流融合性

大学创客空间的开放性和共享性无形中搭建了一个人人平等的合作关系网，在这里，创客之间不存在领导与被领导、管理与被管理的阶层附属关系，可以平等、融洽地进行思想交流、头脑风暴和知识碰撞。更重要的是，不同学科专业背景知识的相互融合和互鉴互补，为使创意走向现实提供了人才和知识支撑，从而达到修正创意、完善文本、分工合作、付诸实践的目的。

4. 自由探索性

大学创客空间的无主题性，在于它从来不预先设置学科标准，不固化学习任务，也不限定团队成员。因此，大学创客空间倡导的是以学生为中心，以兴趣为驱动力，以创意为团队，鼓励创客有完全自由的空间、想象和创造。正如美国首个创客空间的联合创始人 Mitch Altman 所言，创客空间能够为每个参与者提供自由交流思想、一起探索未知的环境。

## 【案例】

陈天宇从小就热衷于电子产品，学习的专业是计算机科学与技术，他很快就从一个"网购菜鸟"变成了"淘宝达人"。后来，陈天宇与另外三位同学加入了学校的创客空间，在老师的指导下，他们先是在校园开网店，后来帮助其他网店和网站做平面设计，积累了网络平台运营的实战经验后，他们最终决定创办电子商务平台。他们凑了 10 万元启动资金，创办了"××电子商务平台"。为了拓展业务，他们带着项目书去银行、商场、网络公司做调查、推介，凭借平台优势和团队优势打动了一家又一家银行和商家，他们利用"返利"创意帮助银行推广信用卡特惠业务，最终在电子商务大战中分得了一杯羹。

### (二) 大学生创新创业竞赛

举办大学生创新创业竞赛是模拟孵化模式的另一重要形式。"大众创业，万众创新"是国家导向的、激发民族创业精神和创新基因的全民活动，大学生群体以其具有的聪明才智与特殊人生节点成为这一全民活动的主力军。大学生创新创业竞赛活动的开展，以主线赛事活动"比学赶帮超"的形式为我国高校创新创业教育契入了抓手，以纵向联动和横向较劲的形式促进人才培养转型，促进大学生创新创业能力的提高。大学生创新创业竞赛的环节包括申报书的撰写、路演、答辩等，通过这些环节能体现创业者的综合能力。

大学生创新创业竞赛覆盖面广，门类多，门槛低，影响力大。目前主要的大学生创新创业竞赛有：由教育部和有关部委联合地方政府主办的中国"互联网+"大学生创新创业大赛，由共青团中央、中国科协、教育部和全国学联联合地方政府共同主办的"挑战杯"全国大学生系列科技学术竞赛，由教育部和商务部联合地方政府主办的"中国大学生服务外包创新创业大赛"。这些竞赛只要是有学籍的大学生（有些比赛还放宽到毕业以后的三年至五年）都能参加，且每项赛事都涉及各行各业，基本涵盖了大学阶段的所有专业，能充分满足大学生的创业需求。同时，每项赛事又有不同的侧重点，旨在引导学生创业的不同方向。

# 第四节　网络创业模式

## 一、网络创业模式的概念

网络创业是指个体发现某种信息、资源、机会或掌握某种技术，利用网络这一载体，将其发现的信息、资源、机会或掌握的技术，以一定的方式转化，创造出更多的财富、价值，并实现某种追求或目标的过程。

随着互联网技术的发展，网络创业门槛大大降低，因前期投入少，创业成本低，越来越多的人选择网络创业模式。网络创业需要注意选择合适的网络创业项目，寻找并选择优质的货源，选择合适的物流公司，注意服务和售后态度，并做好必要的宣传和推广。

## 二、网络创业模式的形式

### （一）网店创业

网店是一种能够让人们在网上浏览商品的同时进行实际购买，并通过各种在线支付手段进行支付，进而完成交易全过程的网上商店。

1. 网店创业的特点

一是开店程序简单，方便快捷。个人要开一个网络店铺不像开实体店铺那样必须要进行工商注册或货物采购，只需通过相应的网站注册就可以开设网店。

二是不易占压货物和资金。传统商店的进货资金少则几千元，多则数万元，若不想经营还需把积压的货物及时清理。而网店则不需要占压货物和资金，完全可以在有订单的情况下再去进货，进退自如，随时可以更换品种或改行做别的生意。

三是交易迅速。在买卖双方达成意愿后就可以立即交易，通过物流和快递的形式将货物运送到买家手里。

四是便于打理。网店不需要把货物摆上货架整齐陈列，不需要进行开店前盘点等，网络程序和工具能够帮助店主轻松管理店铺的运营工作。

五是形式多样。店主可以根据自己的经营项目选择合适的网店形式，有个人对个人的C店、公司对个人的B店以及面对国外客户提供货物买卖的跨境网店。

六是服务人群广泛。不管客户离店铺有多远，都可以方便地在网上找到店铺，人们可以在网上随时随地地购买商品，突破了地域和人群的限制。

2. 网店创业的经营模式

按照创业者的自身条件，网店可划分为兼职经营模式、全职经营模式以及网店与实体店相结合的经营模式。按照创业者拥有的资源，网店则可以划分为铺货网店模式和免铺货网店模式。

3. 网店创业的基本流程

（1）开店准备。

开店准备包括了解平台的相关规则，如准入规则、营销规则、交易规则、处罚规则等；进行网店的店铺定位、产品定位、价格定位和人群定位，确保产品在预期客户群中占据一个真正有价值的地位；通过线上和线下渠道寻找合适的货源。

（2）申请开店。

不同网店类型申请开店的流程略有差异，天猫B店申请开店的流程一般为："查询申请资格—准备资料—提交入驻申请—品牌评估—资质初审和复审—激活账户—完成相关任务并缴费—发布商品—装修店铺—上线店铺"；淘宝C店申请开店的流程则可简化为三步："完成淘宝开店申请—完成支付宝认证—注册淘宝会员账号"。

（3）商品发布。

商品发布就是将选好的商品信息上传至网店并进行上架销售的过程，商品是网店经营好坏的前提和基础，商品发布的基础性流程包括确定商品发布的标题、设计商品主图、设计商品描述以及确定商品价格四大要素。

（4）网店装修。

网店装修是指在网店开设和商品发布后，在网店推广前对其进行装饰美化的过程，主要考虑从页面布局、功能布局和视觉布局三方面进行。

（5）网店推广。

网店推广是指网店为提高品牌知名度或商品曝光率、促进销售而开展的一系列宣传推广活动，按是否付费可分为免费推广和付费推广，按推广范围则可分为店内推广、站内推广和站外推广。

### （二）O2O 创业

O2O 即 Online To Offline（线上到线下），O2O 创业是指将线下的商务机会与互联网结合，让互联网成为线下交易的引流平台的创业模式。O2O 的概念非常广泛，只要产业链中涉及线上或线下，就可称为 O2O。O2O 电子商务模式具有五大要素：独立网上商城，国家级权威行业可信网站认证，在线网络广告营销推广，全面社交媒体与客户在线互动，线上线下一体化的会员营销系统。

1. O2O 创业的特点

对于客户而言，通过 O2O 模式能够获取更丰富、更全面的商家及其服务的信息，能够更加便捷地向商家在线咨询并进行预购，能够获得相比线下消费更为便宜的价格。

对于商家而言，通过 O2O 模式能够获得更多的宣传和展示机会，吸引更多新客户到店消费；推广效果可查，每笔交易可跟踪；易于掌握用户数据，大大增强对老客户的营销效果和保持互动；通过与客户的沟通更好地了解客户的心理；通过在线有效预订等方式，合理安排经营，节约成本；更加快捷地拉动新品、新店的消费；降低线下对黄金地段旺铺的依赖，大大减少了租金的支出。

对于平台而言，通过 O2O 模式能充分利用互联网跨地域、无边界、海量信息、海量用户的优势，充分挖掘线下资源，进而促成线上客户与线下商品和服务的交易，能给客户带来便捷、优惠、有保障的消费体验，能吸引大量高黏性客户；同时可以对商家的营销效果进行直观的统计和追踪评估，规避了传统营销模式下推广效果的不可预测性，进而吸引更多的商家进入，为客户提供更多优质的产品和服务。

2. O2O 创业的业务流程

第一，引流。O2O 引流的入口主要有三类：一是如大众点评一类的消费点评类网站；二是包含各种生活信息的电子地图，如高德地图、百度地图等；三是社交类的应用或网站，如微博、微信等。

第二，转化。转化即商家在各类平台展示自己的产品及服务的详细信息，为消费者搜索和对比信息提供便利，并且帮助消费者做出最终的消费决策。

第三，消费。消费者从各类平台上获得相关的信息之后到线下商家进行消费、体验服务。

第四，反馈。消费者在商家消费之后，将对产品和服务的体验分享到线上平台，为之后的消费者提供参考经验，同时，平台对这些分享的经验进行梳理，不仅能丰富自身的信息库，也可以帮助引流。

第五，存留。存留即线上平台为消费者和商家之间的沟通提供渠道，商家通过平台维护与消费者的关系和提升回头消费率。

### （三）自媒体创业

自媒体创业是指在发布自己亲眼所见、亲耳所闻事件的载体上进行营销、推广等活动的创业模式。自媒体具有平民化、个性化、低成本、易操作、传播快和交互性强的特点。

1. 自媒体创业的特点

第一，门槛低，易进入。几乎每个人都可以进行自媒体创业，一般而言只需要注册一个自媒体账号，略懂一点相关程序的基本操作方法就可以进行自媒体运营。

第二，流程简单，易操作。自媒体创业可以说是一个机械化的过程，除了针对不同的媒体平台需要运用不同的营销方法外，熟悉各个媒体平台的功能特点并掌握一些基本操作技巧，就可以构建自己的自媒体。

2. 自媒体创业的要领

第一，明确构建目的。自媒体的传播者可以是个人，也可以是组织，但无论是个人还是组织，在构建自媒体前都必须要明确目的，才能有目标、有方向地构建自媒体。

第二，增加用户黏性。所谓用户黏性就是指留住用户，让用户对你运营的自媒体产生一种依赖性，达到一种"忠诚"的状态。

第三，放低姿态，谦虚做人。人人都可以构建自媒体，在海量的信息中，人们对信息的选择会更加自主，所以自媒体运营者要放低姿态，否则就会流失一些用户。

第四，保证与用户沟通顺畅。在沟通过程中，如果出现意见分歧，可以与用户真诚讨论，及时道歉，但千万不可随意删帖，这样会丧失公信力，影响用户的忠诚度。

第五，掌握自媒体社交礼仪。自媒体营销和传统营销一样，都具有社交属性，因此在运营自媒体的过程中一定要掌握基本的社交礼仪。

第六，把握好内容。自媒体在内容的发布上虽比较随意，但若想把自媒体做大做强，必须把握好内容的尺度，切不可随意发表不当言论，以免对用户造成伤害，也不能损害自身的形象。

### （四）自建网站创业

自建网站创业就是创业者利用相关 IT、互联网等技术建立一个网站，以此来实现自己的创业目标的创业模式。

1. 自建网站创业的模式

一是网站流量转化模式。指广告主在自己的网站投放广告从而将网站访问量转化为广告收益的方式，这种模式通常以网络联盟的形式出现。

二是佣金销售模式。指创建的网站加入相关网站联盟，当用户通过网站的产品链接来到联盟网站并产生消费之后，联盟会员将获得一定的佣金提成，佣金提成通常为销售额的6%—10%。

三是网上产品销售模式。指开设一个独立的销售型网站，通过网上销售产品来获得收益。

2. 自建网站创业的基本流程

一是网站的规划。自建网站的规划一般包含四个步骤，即网站创业需求调研、网站建设技术可行性分析、网站建设经济可行性分析和自建网站创业可实施性分析。

二是网站的建设。自建网站的建设通常包括自建网站信息结构设计、自建网站功能模块的选择和自建网站整体风格的设计三个流程。

三是网站的运营。自建网站的运营简单来说就是要做好三方面的工作，即网站服务、成本控制和收益管理。

## （五）网络服务技能创业

网络服务技能创业是指在互联网上通过解决他人科学、技术、工作、生活、学习等方面的问题从而让自己的知识、智慧、经验、技能体现经济价值的创业模式，如做威客、淘宝客、网络写手等。

## （六）移动互联网创业

移动互联网创业是一种通过智能移动终端，采用移动通信方式获取业务的新兴创业模式。移动互联网创业的模式主要有以下四种：

### 1. 应用开发

应用开发是创业者可以选择的一个移动互联网创业方向，即结合团队在某个应用领域的特定创意和技术，针对用户需求开发并运营一款基于移动互联网的移动应用，但应用开发也有较高的风险，如果不受用户欢迎将难以推广。

### 2. 内容提供

内容消费是移动互联网的核心价值之一，内容包括新闻、杂志、文章、音乐、视频、游戏等，内容提供商的核心竞争力是"具有独特价值的内容的采集和创造能力"，这是一个需要持续开发并创造的商业模式。

### 3. 平台运营

绝大部分开放平台都是由产业巨头提供和运营的，因而平台的运营不应该是创业者一开始就涉足的领域，创业者可以从内容提供或应用开发切入，通过一两款热门应用或者一些内容，积累忠实用户达到一定数量后再开始部署平台。

### 4. 硬件研发

如果在某个硬件领域具有独特的创意和技术，开发并生产一款有意义的产品，解决了用户的需求，甚至引领潮流，仍然是值得推崇的创业模式。

**【案例】**

"包子哥"刘✕✕在大三时就当上了总经理，他的策略以"新"著称。在某市，他大力推广包子的互联网营销，强调"快节奏"，为上班族服务。考虑到年轻人的早餐时间少，他开发了用 APP 和微信预定包子的渠道，顾客可以提前一天在网络上付款预定包子，第二天直接到附近的包子铺按编号取包子，此外，顾客还能享受网上预约外送服务。

## ◎ 参考文献

[1] 张业平，王建东. 大学生就业与创新创业教程 ［M］. 北京：人民邮电出版社，2019.

[2] 李荆，卢益. 大学生自主创业模式分析——以模拟孵化模式为例 ［J］. 商，2015（05）：38-39.

[3] 余来文，林晓伟，陈明，等. 企业商业模式 ［M］. 厦门：厦门大学出版社，2018.

[4] 陈鹏. 创客空间：大学生发明创造的梦工场——基于 Y 大学创客空间的个案研究 ［J］. 现代教育技术，2016（05）：108-114.

[5] 陈鹏. 创客学习：一种创造有意义学习经历的学习范式 ［J］. 现代远程教育研究，2016（06）：26-38.

[6] 陈鹏，陈勤. 大学创客教学的内涵、特征和实践——以天工创客空间为例 ［J］. 现代教育技术，2019，29（07）：113-119.

[7] 方建强，陈肖肖. 基于创客空间的高校创客教育模式构建 ［J］. 中国多媒体与网络教学学报（上旬刊），2020（05）：33-34，112.

[8] 关杨伊. 对"互联网+"大学生创新创业大赛价值的认识 ［J］. 农家参谋，2020（09）：250.

[9] 顾雷. 创新创业类竞赛对大学生能力培养的研究 ［J］. 湖北开放职业学院学报，2019，32（24）：13-14.

[10] 刘楠，胡皓.互联网创业密码 [M].北京：电子工业出版社，2014.

[11] [英] 罗博·科本.如何在网络上创立品牌、创造商品、坐享收入 [M].
马艳，苏秋鸣，詹杭，译.杭州：浙江出版集团数字传媒有限公司，2017.

[12] 人力资源和社会保障部职业能力建设司，中国就业培训技术指导中心.网
络创业培训教程（电商版）[M].北京：中国劳动社会保障出版社，2017.

[13] 旭阳咨询.超级 IP 打造：互联网创业新方法 [M].北京：电子工业出版
社，2017.

# 第八章　创业团队建设

## 第一节　创业者概述

### 一、创业者的概念

1800 年，法国经济学家萨伊首次给出了创业者的定义，他将创业者描述为将经济资源从生产率较低的区域转移到生产率较高的区域的人，并认为创业者是经济活动过程中的代理人。著名经济学家熊彼得认为创业者应为创新者。本书认为，创业者是指发现某种信息、资源、机会或掌握某种技术，利用或借用相应的平台或载体，将其发现的信息、资源、机会或掌握的技术，以一定的方式，转化、创造成更多的财富、价值，并实现某种追求或目标的人。

### 二、创业者的素质分析

创业是极具挑战性的社会活动，是对创业者自身智慧、能力、魄力、胆识的全方位考验。一个人要想获得创业的成功，必须具备基本的创业素质。创业基本素质包括政治素质、身体素质、创业意识、创业心理素质、创业精神、竞争意识、创业能力。

## （一）政治素质

创业者应该具有政治上的高瞻远瞩，旗帜鲜明、身体力行地坚持把国家富强、民族振兴、人民幸福作为自己的毕生追求，自觉按照党的路线、方针、政策办事，与各级政府建立密切和谐的关系，自觉维护人民利益、国家利益，绝不做任何危害祖国和人民利益的事情。

青年兴则国家兴，青年强则国家强。青年一代创业者有理想、有本领、有担当，国家就有前途，民族就有希望。中华民族伟大复兴的中国梦是历史的、现实的，也是未来的，中国梦终将在一代代创业者的接力奋斗中变为现实。

## （二）身体素质

身体是革命的本钱。创业，需要健康的体魄。良好的身体素质，能使人心胸宽广，有一往无前的魄力。在日常生活中，我们要注重锻炼身体，并以对身体锻炼有效的项目为主，其他为辅，且要有坚定的意念和志向。

【案例】

### 财富、成功与健康

一名妇女归家时发现三位蓄着花白胡子的老者坐在自家门口。她不认识他们，便对他们说："我不知道你们是什么人，但各位也许饿了，请进来吃些东西吧。"三位老者问道："男主人在家吗？"她回答："不在，他出去了。"老者们答道："那我们不能进去。"傍晚时分，丈夫回来了，也发现了门口的老者。妻子向他讲述了所发生的事。丈夫说："快请他们到屋里坐。"妻子请三位老者进屋。但他们说："我们不一起进屋。"其中一位老者指着身旁的两位解释："这位的名字是财富，那位叫成功，而我的名字是健康。"接着，他又说："现在你们进屋去讨论一下，看你们愿意我们当中的哪一个进去。"于是，丈夫和妻子进屋里商量。丈夫说："我们让财富进来吧，这样我们就可以黄金满屋啦！"妻子却不同意："亲爱的，我们还是请成功进来更妙！"他们的女儿在一旁倾听，她建议："请健康进来不好吗？这样我们一家人身体健康，就可以幸福地享受生活、享受人生了！"丈夫对妻子说："听我们女儿的吧，去请健康进屋做客。"妻子出去问三位老者："敢问哪位是健康？请进来做客。"叫健康的老者起身向她家走去，另外两人也站起身来，紧随其后。妻子吃惊地问另外两人："我只邀请了健康，为什么两位也随同而来？"两位老者道："健康走到什么地方，我们就会陪伴他到什么地方，因为我们根本离不开他。如果你没请他进来，我们两个不论是谁进来，很快就会失去活力和生命。所以，我们在哪里都会和他在一起！"

## （三）创业意识

想要取得创业的成功，创业者必须具备自我超越、追求成功的强烈创业意识，积极强烈的创业意识能帮助创业者克服探索道路上的各种艰难险阻。创业的成功离不开思想准备，也离不开超前的创业意识。

## （四）创业心理素质

创业之路，是充满艰险与曲折的，自主创业就等于是一个人去面对变幻莫测的激烈竞争以及可能出现的问题和矛盾，这需要创业者具有非常强的心理调控能力，能够保持积极、沉稳的心态，即具有良好的创业心理素质。它是对创业者在创业实践过程中的心理和行为起调节作用的个性心理特征。它与个体固有的气质、性格有密切的关系，主要体现在人的独立性、敢为性、坚韧性、克制性、适应性、合作性等方面，它反映了创业者的意志和情感。创业的成功在很大程度上取决于创业者的心理素质。正因为创业之路不会一帆风顺，所以，如果不具备良好的心理素质、坚强的意志，遇到挫折就垂头丧气、一蹶不振，那么在创业的道路上是走不远的。宋代大文豪苏轼说："古之成大事者，不惟有超世之才，亦必有坚忍不拔之志"。只有具有处事不惊的良好心理素质和愈挫愈强的顽强意志，才能在创业的道路上自强不息、竞争进取、顽强拼搏，才能从无到有、从小到大，闯出属于自己的一番事业。

### (五) 创业精神

创业者应具备自信、自强、自主、自立的创业精神。

自信就是对自己充满信心。自信心能赋予个体主动积极的人生态度和进取精神，不依赖、不等待。要成为一名成功的创业者，必须坚持信仰如一，拥有使命感和责任感；信念坚定，顽强拼搏，直到成功。信念是生命的力量，是创立事业之本，是创业的原动力。要相信自己有能力、有条件去开创自己未来的事业，相信自己能够主宰自己的命运，成为成功的创业者。

自强是在自信的基础上，不贪图眼前的利益，不依恋平淡的生活，敢于实践，不断增长自己各方面的能力与才干，敢于使自己成为生活与事业的强者。

自主就是具有独立的人格，具有独立的思维能力，不受传统和世俗偏见的束缚，不受舆论和环境的影响，能选择自己的道路，善于设计和规划自己的未来，并采取相应的行动。自主还指有远见、有敢为人先的胆略和实事求是的科学态度，能把握住自己的航向，直至到达成功的彼岸。

自立就是凭借自己的智慧和才能、努力和奋斗，建立起自己生活和事业的基础。21 世纪的青年人应该早立、快立志向，自谋职业，勤劳致富，建立起自己的事业。

### (六) 竞争意识

竞争是市场经济最重要的特征之一，是企业赖以生存和发展的基础，也是创业者立足社会不可或缺的一种精神。随着我国社会主义市场经济从低级向高级发展，市场竞争越来越激烈。从小规模的分散竞争，发展到大集团的集中竞争；从国内竞争发展到国际竞争；从单纯的产品竞争，发展到综合实力的竞争。所以，创业者如果缺乏竞争意识，就等于放弃了自己的生存权利。创业者只有敢于竞争、善于竞争，才能取得成功。在面临充满压力的市场环境时，如果创业者缺乏竞争的心理准备，甚至害怕竞争，就只能一事无成。

### (七) 创业能力

创业能力是一种特殊的能力，往往影响创业活动的效率和创业的成功。创业能力包括决策能力、经营管理能力、专业技术能力、交往协调能力和创新能力等。

1. 决策能力

决策能力是指创业者根据主客观条件，因地制宜，正确地制定创业的发展方向、目标、战略以及具体选择实施方案的能力。决策能力是一个人综合能力的表现，一个创业者首先要成为一个决策者。创业者的决策能力通常包括分析能力和判断能力等。

2. 经营管理能力

经营管理能力是指对人员、资金的管理能力。它涉及人员的选择、使用、组合和优化，也涉及资金的聚集、核算、分配、使用、流动。经营管理能力是一种较高层次的综合能力，是运筹性能力经营管理能力的形成要从经营、管理、财务分析等方面去努力。

3. 专业技术能力

专业技术能力是指创业者掌握和运用专业知识进行专业生产的能力。专业技术能力的形成具有很强的实践性。许多专业知识和专业技巧要在实践中摸索，逐步提高、完善。创业者要重视创业过程中积累的专业技术方面的经验和职业技能的训练，对于书本上介绍过的知识和经验要在加深理解的基础上予以提高、拓宽；对于书本上没有介绍过的知识和经验要积极探索，并在探索的过程中分析、总结、归纳，使其上升为理论，形成自己的经验，不断提高自身的专业技术能力。

【案例】

某校机械专业毕业的小王，毕业后盲目创业，看着别人卖菜、卖水果、卖服装很赚钱，就学着别人卖菜、卖水果、卖服装，几经波折，没有一件事干成功。正当小王垂头丧气时，恰好社区组织个体经营者进行自我创业资源分析。经过分析，小王发现自己最大的长处还是所学的专业。在这之后，小王开了一家汽车修理店，他感到一下子有了广阔的空间。

4. 交往协调能力

交往协调能力是指能够妥善处理与公众（政府部门、媒体、客户等）之间的关系，以及能够协调下属各部门成员之间的关系的能力。创业者应该做到妥当处理与外界的关系，尤其要争取政府部门、工商部门、税务部门的支持与理解，同时要善于团结一切可以团结的人，团结一切可以团结的力量，求同存异、共同发展，做到不失原则、灵活有度，善于巧妙地将原则性和灵活性结合起来。总之，创业者只有搞好内外团结，处理好人际关系，才能建立有利于创业的和谐环境，为成功创业打好基础。

5. 创新能力

创新是知识经济时代的主旋律，是企业化解外界风险，取得竞争优势的有效途径，创新能力是创业能力素质的重要组成部分。它包括两方面的含义：一是大脑活动的能力，即创造性思维、创造性想象、独立性思维和捕捉灵感的能力；二是创新实践的能力，即人在创新活动中完成创新任务的具体工作的能力。创新能力是一种综合能力，与人们的知识、技能、经验、心态等有着密切的关系。只有具有广博的知识、扎实的专业基础、熟练的专业技能、丰富的实践经验、良好的心态才更容易形成创新能力。

上述的基本素质中，每一项均有其独特的地位与功能，它们又相互联系，任何一个素质都会影响其他素质的形成和发展，影响其他素质的功能和作用的发挥，乃至影响创业是否成功。因此，作为一个未来的创业者，不仅要注意在环境和教育的双重影响下培养自己的创业素质，而且要重视其整体结构的优化，在创业实践中不断提高自我的创业素质。

# 第二节　创业团队价值

## 一、创业团队概述

### （一）创业团队的定义

创业团队是指在新企业创建初期，由两个或两个以上才能互补、责任共担、所有权共享、愿为共同的创业目标而奋斗，且处于新企业高层管理位置的人共同组成的有效工作群体。

## （二）创业团队的特征

创业团队具有如下特征：①创业团队是一个创建新企业的特殊群体；②创业团队是一个具有新价值创造与创新能力的群体；③创业团队的成员树立了共同的目标，其根本目标是为顾客创造价值；④团队成员之间能互补，团队绩效大于个人绩效之和；⑤团队成员共同承担责任，且共同拥有企业的所有权以及分享一切成果；⑥创业团队是高层管理团队的基础与雏形。

## 二、创业团队的价值

调查发现，大多数创业成功的企业，都有多位创始人。尤其是在高科技领域，团队创业比个体创业多得多。

相对于个人创业而言，创业团队具有以下突出优势：①团队成员对工作目标及责任共同承担；②团队成员能力互补、认知共享；③能施行更有效的决策；④有更高的工作绩效；⑤有更迅速地应对技术变革的能力；⑥创业机会的识别、开发和利用能力大大提高。

## 【案例】

从前，有两个饥饿的人得到了一位长者的恩赐：一根鱼竿和一篓鲜活硕大的鱼。其中，一个人要了一篓鱼，另一个人要了一根鱼竿，于是他们分道扬镳。得到鱼的人就在原地用干柴搭起篝火煮起了鱼，他狼吞虎咽，还没有品出鲜鱼的肉香，转瞬间，连鱼带汤就被他吃了个精光。过不了几日，他便饿死在空空的鱼篓旁。另一个人则提着鱼竿继续忍饥挨饿，一步步艰难地向海边走去，可当他已经看到不远处那片蔚蓝色的海洋时，他浑身最后一点力气也使完了，只能眼巴巴地带着无尽的遗憾撒手人间。

又有两个饥饿的人，他们同样得到了长者恩赐的一根鱼竿和一篓鱼。只是他们并没有各奔东西，而是商定共同去寻找大海。他俩每次只煮一条鱼，终于经过遥远的跋涉，来到了海边。从此，两人开始了以捕鱼为生的日子。几年后，他们盖起了房子，有了各自的家庭、子女，有了自己的渔船，过上了幸福安康的生活。

创业团队本身是一个群体，但又不完全等同于一般群体，它们有如下区别：

第一，所做的贡献不同。创业团队中成员所做的贡献是互补性的，而一般群体中成员的工作在很大程度上是互换性的。

第二，所承担的责任不同。创业团队中成员共同承担团队目标成败的责任，同时承担个人责任，而一般群体中成员通常只承担个人责任。

第三，绩效评估标准存在差异。创业团队的绩效评估主要以团队的整体表现为依据，而一般群体的绩效评估则是以个人表现为依据。

第四，目标实现方式不同。创业团队的目标实现需要成员间彼此协调且相互依存，而一般群体的目标实现则不需要成员间的相互依存。

除此之外，与一般群体相比，创业团队的信息共享更加充分，角色定位与任务更加清晰，成员参与决策的权力也更大。

# 第三节　创业团队的构建

## 一、创业团队构建的步骤与技巧

### （一）创业团队构建的步骤

1. 制定战略目标与重点

明确自己事业的战略方向与工作重点至关重要，对于选择创业团队成员以及创业团队章程的制定等，都起着决定性作用。

2. 创业者自我评估

创业者通过各项能力、素质以及现有资源进行自我测评，不仅能明确自己的优势与劣势，而且为寻找"相似性"或者"互补性"的创业团队成员、寻找补充性资源，提供重要参考依据。

3. 选择创业团队成员

选择创业团队成员，要注重两个核心问题：

一是注重互补性能力组合。在挑选创业团队成员时，要努力保证所找的对象有助于形成互补性的能力组合。而且，值得注意的是，不仅要寻找那些目前拥有未来团队所需技能的人才，也要寻找那些具备技能开发潜质的人才。通常的技能组合包括解决问题的能力与决策能力、人际关系能力、专业技能、团队技能等的组合。

二是人员规模。创业团队规模，一般初期不宜过大，便于股权的分配、内部统一集中管理、达成一致以及高效率的发挥。当然，具体规模应该根据战略目标与重点而定。

4. 确定创业团队的组织架构、职责与权利

进行初期创业团队内部组织架构设计时，只要保证简单、高效、便于沟通交流与操作执行即可。同时，应明确各团队成员的职责与权利，具体包括创业团队所赋予的职责与权利范围，以及团队成员的授权范围。

在此过程中应注意，团队成员的职责安排无须一成不变。可以在某一时间进行职责轮换，也可以指定几名成员在整个创业过程中共同承担某些职责。这也是创业团队高效率的具体体现。

5. 制定创业团队的目标与章程

制定创业团队的目标（尤其是要突出初期现实可行的目标）与章程，主要目的是为了统一创业团队的努力方向、价值取向以及行为规范，使得创业团队的方向达成一致、文化达成一致、行为达成一致，确保创业发展不偏离轨道。章程的具体内容主要包括：①使命与目标；②团队文化；③决策原则；④团队行动纲领；⑤职责与分工；⑥绩效考核方法；⑦与团队相关的其他团队、部门和客户；⑧团队成功的度量标准。

（二）创业团队的构建技巧

第一，选择创业合作者的技巧。

①创业团队成员应具备不同的技能，以便彼此间形成互补性技能组合。②创业团队成员，尽量具有一定的"相似性"，如相似的价值观、兴趣爱好、教育背景等。③向亲朋好友解释你的战略目标，要求推荐人选。④重点寻找能帮助解决关键问题或未来能够带来巨大价值的创业团队成员。⑤确认创业团队成员是否具

有团队工作经验。⑥确认创业团队成员是否认同你的战略目标、商业计划等。

第二，提高创业团队绩效的技巧。

①建立紧急又现实可行的目标，并给出清晰明确的方向。②根据知识、经验和技能选择创业团队成员，而不是根据他们的个性来选择。③制定创业团队章程，包括确立价值观、行为规范等。④建立直接的以绩效为基础的任务和目标。⑤不断提高对新的事实和信息的认知来创造挑战。⑥使用正面激励方法，如正面的反馈意见以及奖励方法。⑦及时进行创业团队绩效评估。⑧保持优秀的学习与创新能力。⑨努力形成"集体精神、分享认知、共担风险、协作进取"四维结构式的优秀团队文化。

## 二、高效创业团队的特征与塑造

高效创业团队是指工作效率相对于一般创业团队更高的团队。其特点为有明确的目标，赋能授权。对于创业来说，如果创业者身边围绕着一支高效团队，无疑已经成功了一大半。

1. 高效创业团队的特征

在大量创业公司案例及对创业团队的研究过程中，可以发现大多数高效创业团队都拥有以下特征：

①拥有一致认同的价值观。②有一位成熟自信、领导力强、不断带来精神动力且大家共同认可的领袖。③拥有清晰、一致认同的目标，且创业团队目标与个人目标同等重要。④按照共同约定的授权范围以及以决策原则制定每一项决策。⑤创业团队成员职责分明、权限清晰，且可以根据需要进行适当的角色轮换。⑥创业团队成员之间形成了互补性极强的技能组合。⑦呈现彼此信任、共同分享、自发性强以及敢于承担责任与风险的文化氛围。⑧制定了合理的绩效考核制度并严格执行、定期完善。⑨对内部竞争进行有效的管理与激励，并形成良好的竞争氛围。⑩所有创业团队成员都有被授权的感觉。⑪创业团队定期召开会议且效率高。⑫拥有高效解决内部冲突问题的机制与方法。⑬创业团队成员间沟通开放、坦诚，支持他人并容忍错误。⑭根据培训需求制订并开展持续的培训计划。⑮创业团队成员乐于接受新的思想、观念与信息，保持较强的创新力与变革力。⑯敢于接受挑战，渴望取得成就。⑰总是能够建设性地解决各种难题。⑱与外部构建

了良好的关系网络，拥有充裕的外部资源。⑲始终致力于改进绩效、优化创业团队内部的技能组合支撑力。

创业者在创业过程中，可以对照以上这些特征来评估自己的创业团队存在哪些差距，以快速检测创业团队存在的不足之处，并塑造一个高效的创业团队。

2. 高效创业团队的塑造

依据高效创业团队的运作原理与主要特征，以及创业团队常遇到的问题，我们提出高效团队塑造的七大策略。以帮助创业者在系统、全面考虑高效团队各项因素的同时，把握创业团队构建过程中的关键要点，塑造出一支高效的创业团队。

（1）以明确界定的目标领导创业团队。

明确界定的目标能指引创业团队前行的方向与道路，并激励着创业团队不畏艰难险阻地去实现预期目标。要有长远的战略目标与切实可行的短期目标，同时要制订具体的行动计划，并按人员分工、时间进度对目标进行合理的分解。

（2）建立优秀的创业团队文化。

在创业阶段能否树立共同的价值观、建立优秀的创业团队文化，决定一个创业企业能够走多远。优秀的创业团队文化理念包括凝聚力、合作精神、完美主义、绩效导向、追求价值创造、平等中的不平等、公正性、共同分享、共同担当等，具体可以通过团队讨论、章程制定、文化手册编制等形式确定下来。文化理念及企业文化践行内容包括愿景、使命、价值观、管理理念、行动纲要等。当然，更重要的是努力贯彻大家所认同的理念，并努力形成"集体精神、分享认知、共担责任、协作进取"的优秀创业团队文化。

（3）在创业团队内部保持目标高度一致。

无论是明确界定的目标还是优秀的企业文化，只有在创业团队内部成员保持目标高度一致，才能发挥无穷力量。因此，在创业过程中，核心领导对此必须保持高度警觉，时刻"掌好舵"，以确保创业团队朝"总体一致"的方向前进。

（4）注重学习与创新。

学习与创新是创业团队实现自我成长、适应不确定性环境并最终达成未来目标的唯一途径。一方面，创业团队内部应该提倡学习型组织建设，加强内部学习、认知共享，同时注重向外界汲取新的知识，不断提升组织、学习能力；另一方面，创业团队应重视创新氛围的营造，鼓励成员通过学习来促进创新能力的提升，鼓励创业团队成员提出创新意见，发挥创新思维。

（5）实施有效的激励机制。

有效的激励机制，可以提高创业团队成员的积极性，优化组织结构，并形成良好的竞争氛围，同时为后期建立科学的公司治理机制奠定基础。激励机制的设计应该坚持注重团队整体、业绩导向、差异化、灵活性四项原则，具体内容包括股权激励、薪酬激励、授权激励、精神激励等。

（6）开展创业团队绩效评估。

有效的创业团队绩效评估，可以帮助创业团队领导从结果、过程两方面全面评估创业团队建设的绩效以及个人的绩效，同时查找问题出现的原因，并提出有效的改进方案。绩效评估结果也是实施激励机制的重要依据之一。

针对个人的绩效评估，主要评估指标包括创业思维、商业计划准备、敬业精神和风貌、工作技能和关系、岗位职责等。评估方式以团队内部成员互相评议、用户满意度调查、管理层评估三种方式为主。

（7）有效解决创业团队面对的问题。

高效创业团队的塑造过程，也是创业团队成员不断磨合、相互帮助、共同进步的过程。因此，在创业过程中会受到主观或客观因素的影响，出现一些问题与障碍。如何有效解决这些关键问题，对于创业团队走向成熟、实现创业目标是极其重要的。

## 三、创业团队构建的风险分析

### （一）创业团队构建的风险成因

1. 盲目照搬成功的组建模式

创业团队的基本组建模式有三种：关系驱动、要素驱动和价值驱动。

关系驱动是指以创业领导者为核心的人际关系圈内的成员构成团队。他们因为经验、友谊和共同兴趣结成合作伙伴，彼此发现商业机会后共同创业。关系驱动模式比较符合中国文化的特点，其团队的稳定性较高，是现在应用最广泛的模式。

要素驱动是指创业团队成员分别贡献创业所需的创意、资源和操作技能等要素。这些要素完全互补，创业团队成员之间处于相对平等的地位。要素驱动模式比较符合西方文化的特点，如果成员之间磨合顺利，可以缩短创业成功所需的时间。现在的互联网创业团队大多属于这种模式。

价值驱动是指创业团队成员将创业视为一种实现自我价值的手段，他们的使命感强，对成功的渴望也很强。价值驱动模式中的团队成员虽然是为了追求自我实现而组合在一起，但一旦产生分歧，就是路线斗争，没有妥协的余地。

不同组建模式的适用条件不尽相同，盲目照搬套用，会给企业带来巨大的风险。

2. 创业团队成员选择的随意性和偶然性

创业团队是要将个体的力量整合为集体的力量，并保持这种集体力量的持久性。但是，在创业团队组建初期由于规模和人数的限制，创业团队在成员选择方面往往考虑不够周全，体现出随意性和偶然性，如片面追求性格"合得来"，寥寥数语便"一拍即合"；熟人好友组团，既没有充分考虑团队成员的能力互补，也没有考虑成员的价值取向是否一致。创业团队组建的随意性和偶然性会引发创业过程中的各种矛盾，甚至导致创业团队散伙。

3. 缺乏明确、一致的创业团队目标

杰出团队的显著特征是具有共同的愿望和目标。凝聚人心的愿景和经营理念，是团队合作的基础。目标则是共同愿望在客观环境中的具体化，能够为团队成员明确方向，是团队运行的核心动力。

一般来说，在创业初期创业团队的目标并不清晰和明确，只有一个朦胧的发展方向，即使创业者目标明确，也不能保证团队成员都能够准确理解团队目标的含义。随着创业进程的推进和外界环境的变化，创业团队成员可能会发现原先确定的目标和现实之间存在差距，此时必须对目标进行适当调整。如果创业团队成员的个人目标与团队目标出现较大分歧，那么创业团队就会面临解散的风险。

4. 激励机制不完善

有效的激励是企业长期保持团队士气的关键。有效激励的重点是给予团队成员合理的"利益补偿"。根据一项"创业管理调查"得知，导致中国现阶段创业团队散伙的两个主要原因是团队矛盾和利益分配。可见，完善的激励机制、合理的利益分配对于创业团队持续长期发展有着重要的影响。

### (二) 创业团队的风险控制

**1. 选择合适的创业团队成员**

建立优势互补的创业团队是保持创业团队稳定性的关键，也是规避和降低团队组建模式风险的有效手段。在团队创建初期，人数不宜过多，能满足基本的需求即可。在团队成员的选择上，要综合考虑成员在能力和技术上的互补性，基本保证具备理想团队所需的各种角色。而且，成员的能力和技术应该处于同一等级，不宜差异过大。如果团队成员在对项目的理解能力、表达能力、执行能力、社会资源能力、思维创新能力等方面存在较大的差异性，就会产生严重的沟通和执行障碍。

此外，在选择团队成员时还要考虑创业激情的影响。在企业初创期，所有成员每天都需要超负荷工作，如果缺乏创业激情和对事业的信心，不管其专业水平多高，都可能成为创业团队中的消极因素，对其他成员产生一些负面影响。

**2. 确定清晰的创业目标**

创业团队在实践中要不断总结和吸取教训，形成一致的创业思路，并勾画出共同的目标，以此作为创业团队努力的方向。同时，还要鼓励团队成员积极掌握工作内容和职责，竭诚与他人合作。

创业团队的目标必须清晰明确，能够集中体现出团队成员的利益，与团队成员的个人目标趋向一致，并保证所有团队成员都能正确理解，这样才能发挥鼓励和激励团队成员的作用。此外，创业团队的目标还必须切实可行，既不能太高也不可太低，而且能随着环境和组织的变化及时更新和调整。

**3. 制定有效的激励机制**

正确判断团队成员的"利益需求"是有效激励的前提。实际上，不同类型的人员对于利益的需求并不完全一致，有些成员将物质追求放在第一位，有些成员则希望能够获得荣誉、发展机会、能力提高等其他利益。因此，创业团队的领导者必须加强与团队成员的交流，有针对性地采取合理的激励措施。

创业团队的利润分配体系必须体现出个人贡献价值的差异，而且要以团队成员在整个创业过程中的表现为依据，而不仅是某一阶段的业绩。其具体分配方式要具有灵活性，既包括诸如股权、工资、奖金等物质利益，也包括个人成长机会和相关技能培训等内容，并且能够根据团队成员的期望进行适当调整。

【案例】

M公司中标某单位（甲方）一个电子政务系统开发项目。王某是M公司的项目经理，他刚成功带领一个6人项目团队完成了一个类似的项目，因此公司指派王某带领原来的团队负责完成此电子政务系统开发项目。

王某带领原项目团队结合以往经验顺利完成了需求分析、项目范围说明书等前期工作，并通过客户评审，得到了甲方的确认。由于进度紧张，王某又向公司申请调来了2个开发人员加入项目团队。

项目开始实施后，原项目团队成员和新加入成员之间经常发生争执，对发生的错误相互推诿。原项目团队成员认为新加入成员效率低下，延误项目进度；新加入成员则认为原项目团队成员不好相处，不能有效沟通。一开始，王某认为这是正常的项目团队磨合过程，没有过多干预，同时，批评新加入成员效率低下，认为原团队成员更有经验，要求新加入成员多向原团队成员虚心请教。结果，矛盾越来越大，团队合作氛围也很差，项目进度严重滞缓。后来，王某终于发现了问题的严重性，及时采用了以下做法：

（1）明确项目团队的整体目标和项目组各成员的工作分工，责任落实到每个人。

（2）与组员进行沟通，了解现阶段存在的问题，就事论事，深入沟通，及时解决。

（3）采用团队建设手段，消除团队成员间的隔阂，派原组员一对一指导新组员，帮助新组员提升技术能力，提高工作效率。

经过一番整治，项目团队终于消除隔阂，项目也得以继续进行，并按时完成。

◎ **参考文献**

[1] 李华凤，斯日古楞，魏守长. 大学生创新创业教程 [M]. 北京：电子工业

出版社，2017.

[2] 陈晓瞰，陈李彬，田敏．创新创业教育入门与实战［M］．北京：清华大学出版社，2016.

[3] 记志明．团队管理［M］．北京：科学出版社，2011.

[4] 孙石群．"双创"时代大学生创新创业教育的融合发展研究［M］．北京：中国水利水电出版社，2019.

[5] 吴敏，李劲峰．大学生创新创业基础教程［M］．北京：中国科学技术大学出版社，2017.

# 第九章　创业项目筹划

## 第一节　创业机会的来源、识别和评价

### 一、创业机会概述

1979 年，美国纽约大学教授柯兹娜首次指出创业是一个机会发现的活动，创业者往往对机会保持高度的警觉，机会发现是创业中重要的一环。创业机会识别作为创业活动的初始阶段和核心环节，对于新创企业的起步与发展方向至关重要。

#### （一）创业机会的概念

根据柯兹娜教授给出的定义，创业机会是未明确市场需求或未充分使用的资源或能力。其特点是发现甚至创造新的手段——目的关系来实现创业收益，对于"产品、服务、原材料或组织方式"带来极大的革新和效率的提高，且具有创造超额经济利润或价值的潜力。

#### （二）创业机会的特征

美国百森商学院蒂蒙斯教授在《21 世纪创业》中提出创业机会的四个特征：

①能满足市场需求；②能为消费者创造更高价值；③具有时效性；④具有可行性。

## 二、创业机会的来源

### （一）客户需求

机会在哪里？机会就在有人抱怨的地方。有抱怨，说明客户的需求未得到充分满足，而创业的根本目的是为客户创造价值，满足客户需求。因此，寻找创业机会的一个重要途径就是善于发现和体验自己或他人在需求方面的问题以及生活中的难处。有经验的创业者会在客户现有的需求中挖掘新的需求，在生活中找到富有价值的潜在需求，在被忽略的市场中找到新"蓝海"，从而产生创业机会。

### （二）市场竞争

在市场竞争的过程中，创业者为了扬长避短、差异化经营，通常会分析、比较自己与竞争对手之间的优劣势，以期更好地满足客户需求、拓展市场。因此，如果能够针对竞争对手的不足，将自身优势充分发挥，为客户提供价格更便宜、质量更好的产品或服务，就能在激烈的竞争中找到绝佳的创业机会。

### （三）市场环境

市场环境瞬息万变。变化就是机会，环境变化是创业机会的重要来源。市场环境的变化，必然导致市场需求、市场结构发生变化，从而为各行各业带来商机。例如，产业结构调整带来新产业发展的契机，消费者消费观念的变化带来新的商业机会。市场环境变化主要包括宏观经济政策和制度变化、产业经济结构调整、社会人口结构变化、价值观和生活理念变化等。

### （四）发明创造

在人类社会发展史上，每一项发明创造、每一次技术革命都引起产业结构的重大变革，产生无数创业机会。20 世纪 50 年代后，半导体、计算机、集成电路、互联网等技术日新月异，将人类带入崭新的信息化时代，开创了众多产业部门，产生了无数创业机会。即使自己不能发明创造新产品，也可以通过掌握新知识和技能，利用新技术，抓住创业机会，成为一名创业者。

根据上述客户需求、市场竞争、市场环境、发明创造等创业机会来源，可将创业机会分为以下三种类型：

第一种，问题型创业机会，指的是基于客户现有的、尚未满足的需求而产生的着眼于实际的创业机会。

第二种，趋势型创业机会，指的是基于环境动态变化、对客户潜在需求预测而产生的着眼于未来的创业机会。

第三种，组合型创业机会，指的是基于环境变化、客户需求、发明创造、市场竞争等多种因素，为客户创造新价值而产生的，且通常是由多项技术、产品或服务组合而成的创业机会。

## 三、创业机会的识别

### （一）创业机会的识别过程

从创业过程来说，创业机会的识别是创业的起点。创业机会的识别过程是一个不断调整、反复均衡的过程，不同创业者关注的创业机会不同，即使是同一个创业机会，不同的人对其评价也往往不同。

创业过程开始于创业者对创业机会的识别。创业者从成千上万个繁杂的创意中选择了他心目中理想的创业机会，并将这一机会持续开发，使之成为真正的企业核心，直至最终收获成功。在这一过程中，机会的潜在预期价值以及创业者的自身能力得到反复权衡，创业者对创业机会的战略定位也越来越明确，这一过程就是广义上的机会的识别过程，它囊括了机会搜寻、机会鉴别、机会评价等活动。

1. 机会搜寻阶段

在机会搜寻阶段，创业者对整个经济系统中可能的创意和灵感展开搜索，如果创业者意识到某一创意可能是潜在的商业机会，具有潜在发展价值，就将进入机会识别的下一个阶段。

2. 机会鉴别阶段

创业机会鉴别是从创意中筛选合适的机会。鉴别创业机会是思考和探索互动反复，并将创意付诸实际的过程。这一过程包括两个步骤：

（1）通过对整体市场环境及一般行业的分析来判断该机会是否在广泛意义上属于有利的商业机会；

（2）考察对于特定的创业者和投资者来说，这一机会是否有价值，也就是个性化机会鉴别阶段。

对于创业者来说，搜集必要的信息，并将别人看来仅仅是混乱的、毫无联系的信息进行整理、建立联系，找到潜在的可能性，发现有价值的创业机会，这是非常重要的。

3. 机会评价阶段

机会评价阶段是仔细审查创意并分析是否可行的阶段，包括技术方案评价、市场潜力评价和成本收益评价。评价是机会识别中的关键环节，要求创业者对创意的可行性进行客观、公正的评判。

（二）创业机会识别的技巧

识别和把握创业机会的一般技巧如下：

1. 从宏观经济发展趋势中判断创业机会

创业者要时刻关注国家宏观经济政策和行业发展趋势。例如，国家近年来放宽准入条件，鼓励民间资本进入铁路、市政、教育、金融等领域，创业者就可以在这些产业中发掘创业机会。

2. 从市场环境变化中发现和识别创业机会

市场环境的任何变化都会引发新的创业机会，这需要创业者凭借自己敏锐的嗅觉去发现和识别。例如，循环经济、绿色制造的理念将变革传统的生产和消费模式，给节能减排、废物回收、材料更新等领域带来创业机会。

3. 资源整合创造创业机会

创造性地整合资源，不仅可以创造出新的价值，还可以带来无尽的创业机会。柯兹娜就认为，机会是一种通过对资源的创造性整合，满足市场及客户需求的渠道。

4. 科技发展催生创业机会

世界产业发展历程告诉我们，每一个新兴产业的形成和发展，都是技术创新的结果。产业转型、技术创新、产品换代，都会带来前所未有的创业机会。创业者如果能够及时了解最新的科技发展动态，持续跟踪产业发展、技术创新的步伐，那么即使创业者不发明新的产品，也可以从其推广、应用、销售、维护和咨询等服务中挖掘出新的市场机会。

5. 市场空缺蕴含创业机会

市场的空缺往往蕴含了大量被人们忽略而未被满足的市场需求，充分开发利用这些机会空间，另辟蹊径，人无我有、人有我新，就一定能够出奇制胜。

6. 解决问题过程中发掘创业机会

问题往往隐含了被掩饰的创业机会，许多创业者都是从发现问题开始创业的。在解决问题的过程中，创业者在找到满足消费者需求、能为消费者创造价值的方案后，往往就能捕捉到极具市场前景的商机。

7. 竞争对手的缺陷隐藏创业机会

研究竞争对手，从中寻找其产品或服务的弱点，若能有效弥补其缺陷和不足，在激烈的竞争中胜出，就很可能从中找到重要的创业机会。

## 四、创业机会的评价

对于创业机会的评价，目前比较普遍的一种方法是阶段性决策方法。这一方法要求创业者在机会开发的每个阶段都要进行机会的评价。一个机会是否能够通过每个阶段预先设置的"门槛"，在很大程度上取决于创业面对的约束或限制，如创业者的目标回报率、风险偏好等。

因此，通过循环反复的"识别—评价—开发—识别"步骤，一个最初的商业概念或创意就会逐步完善起来。

下面介绍几种常用的评价方法。

## （一）定量评价方法

### 1. 标准打分矩阵

标准打分矩阵是通过选择对创业机会成功有重要影响的因素，并由专家小组对每个因素进行最好、好、一般三个等级的打分，最后求出每个因素在各个创业机会下的加权平均分，从而对不同的创业机会进行比较，如表9-1所示：

表9-1 标准打分矩阵

| 标准 | 专家打分 | | | |
|---|---|---|---|---|
| | 最好（3分） | 好（2分） | 一般（1分） | 加权平均分 |
| 易操作性 | | | | |
| 质量和易维护性 | | | | |
| 市场接受性 | | | | |
| 增加资本的能力 | | | | |
| 投资回报 | | | | |
| 专利权状况 | | | | |
| 市场大小 | | | | |
| 制造的简单性 | | | | |
| 口碑传播潜力 | | | | |
| 成长潜力 | | | | |

表9-1中列出了十项主要评价因素，在实际使用时可以根据具体情况选择其中的全部或部分因素进行评估。

### 2. 蒂蒙斯创业机会评价模型

蒂蒙斯创业机会评价模型是蒂蒙斯在1999年提出的包含8项一级指标、53项二级指标的评价指标体系。该指标体系几乎涵盖了其他一些理论所涉及的全面内容，包括行业和市场、经济因素、收获条件、竞争优势、管理团队、致命缺陷问题、个人标准、理想与现实的战略差异，是目前最为全面的创业机会评价指标体系，如表9-2所示。

表 9-2　　　　　　　　　　　蒂蒙斯创业机会评价模型

| 序号 | 一级指标 | 二级指标 |
|---|---|---|
| 1 | 行业和市场 | 1. 市场容易识别，可以带来持续收入；<br>2. 顾客可以接受产品或服务，并愿意为此付费；<br>3. 产品的附加价值高；<br>4. 产品对市场的影响力大；<br>5. 将要开发的产品生命长久；<br>6. 项目所在的行业是新兴行业，竞争不完善；<br>7. 市场规模大，销售潜力为 1000 万美元到 10 亿美元；<br>8. 市场成长率在 30%—50% 甚至更高；<br>9. 现有厂商的生产能力几乎完全饱和；<br>10. 在 5 年内能占据市场的领导地位；<br>11. 拥有低成本的供货商，具有成本优势。 |
| 2 | 经济因素 | 1. 达到盈亏平衡点所需要的时间为 1.5—2 年；<br>2. 盈亏平衡点不会逐渐提高；<br>3. 投资回报率在 25% 以上；<br>4. 项目对资金的要求不是很高，能够获得融资；<br>5. 销售额的年增长率高于 15%；<br>6. 有良好的现金流，能占销售额的 20% 以上；<br>7. 能获得持久的毛利，毛利率在 40% 以上；<br>8. 能获得持久的税后利润，税后利润率要超过 10%；<br>9. 资产集中程度低；<br>10. 运营资金不多，需求量是逐渐增加的；<br>11. 研究开发工作对资金的要求不高。 |
| 3 | 收获条件 | 1. 项目带来的附加价值具有较高的战略意义；<br>2. 存在现有的或可预料的退出方式；<br>3. 资本市场环境有利，可以实现资本的流动。 |

续表

| 序号 | 一级指标 | 二级指标 |
|---|---|---|
| 4 | 竞争优势 | 1. 固定成本和可变成本低；<br>2. 对成本、价格和销售的控制程度较高；<br>3. 已经获得或可以获得对专利所有权的保护；<br>4. 竞争对手尚未觉醒，竞争较弱；<br>5. 拥有专利或具有某种独占性；<br>6. 拥有发展良好的网络关系，容易获得合同；<br>7. 拥有杰出的关键人员和管理团队。 |
| 5 | 管理团队 | 1. 创业团队是一个优秀管理者的组合；<br>2. 行业和技术经验达到了本行业内的最高水平；<br>3. 管理团队的正直廉洁程度能达到最高水准；<br>4. 管理团队知道自己缺乏哪方面的知识。 |
| 6 | 致命缺陷问题 | 不存在任何致命缺陷问题。 |
| 7 | 个人标准 | 1. 个人目标与创业活动相符合；<br>2. 创业家可以做到在有限的风险下实现成功；<br>3. 创业家能接受薪水减少等损失；<br>4. 创业家将创业视为一种生活方式，而不只是为了赚大钱；<br>5. 创业家可以承受适度的风险；<br>6. 创业家在压力下状态依然良好。 |
| 8 | 理想与现实的战略差异 | 1. 理想与现实情况相吻合；<br>2. 管理团队已经是最好的；<br>3. 在客户服务管理方面有良好的服务理念；<br>4. 所创办的事业顺应时代潮流；<br>5. 所采取的技术具有突破性，不存在许多替代品或竞争对手；<br>6. 具备灵活的适应能力，能快速地进行取舍；<br>7. 始终在寻找新的机会；<br>8. 定价与市场领先者几乎持平；<br>9. 能够获得销售渠道，或已经拥有现成的网络；<br>10. 能够允许失败。 |

蒂蒙斯创业机会评价模型虽然全面，但仍存在明显缺陷：①主次不清晰，且在实践中很难做到对各方面的指标进行量化；②各维度划分不合理，存在交叉重叠，影响了机会评价指标的有效性；③该模型主要基于风险投资者的风险投资标准而设立，故标准较为主观，与创业者对于标准的客观性需求有一定差异。

（二）定性评价方法

1998 年，贾斯廷·朗格内克等人提出了评价创业机会的五项基本标准：①市场对产品有明确的需求，产品推出的时机也是恰当的；②投资的项目必须能够维持持久的竞争优势；③投资必须有一定程度的高回报，且允许一些投资中的失误；④创业者和机会必须相互适合；⑤机会中不存在致命的缺陷。

## 第二节　创业项目的运作和管理

### 一、创业项目的运作

如果创业者已经为创业项目做好充分准备，包括个人对创业的正确认知、个人的心态调整、创业相关知识和能力的掌握、机会识别和选择、团队组建、商业计划书的撰写、资金储备等，那么创业者就可以考虑为自己的创业项目迈出实质性的第一步——创办新企业。

从法律角度看，凡是经过合法登记注册、拥有固定地址并相对稳定的经营组织都属于企业。企业本质上属于追求利润最大化的营利性组织，它通过各种生产经营活动创造物质财富，提供满足社会公众物质和文化生活需求的产品或服务，在市场经济中占有非常重要的地位。

### （一）选择合适的企业组织形式

选择适当的企业组织形式是创业过程中非常重要的一环，不同的企业组织形式意味着不同的启动条件和资金。有远见的创业者必须确定最符合企业需求的法律组织形式。根据相关法律规定，我国经营主体的主要法律组织形式包括个体工商户、个人独资企业、合伙企业、有限责任公司、股份有限公司等。

（二）企业注册

一般来说，公司注册的流程包括：企业核名—提交材料—领取执照—刻章。公司想要正式开始经营，还需要办理以下事项：银行开户—税务报到—申请税控和发票—社保开户。

（三）企业选址

企业选址是指运用科学的方法决定企业的地理位置，使之与企业的整体经营运作系统有机结合，以便有效、经济地开展企业经营活动。

1. 企业选址的重要性

首先，企业选址是一项长期性投资，相对于其他因素来说，它具有长期性和固定性。当外部环境发生变化时，其他经营因素都可以随之进行相应调整，以适应外部环境的变化，而选址一经确定就难以变动。选择得好，企业可以长期受益。

其次，企业选址事关企业成败，企业位置的选择将直接影响实际运营的效益、成本以及日后企业规模的扩充与发展。相对于制造型企业而言，服务型企业的选址更为重要，其位置的好坏在很大程度上直接决定了企业的营业收入，最终影响企业的存亡。

最后，企业选址是制定经营目标和经营战略的重要依据。商业企业在制定经营目标和经营战略时，需要考虑很多因素，其中包括对选址进行研究，旨在为企业制定经营目标提供依据，并在此基础上按照顾客构成及需求特点，确定经营战略。

2. 企业选址的技巧

（1）企业选址，公司类型是关键。

不同企业的选址，就好像不同消费者购买衣服。不同的消费水平，不同的穿衣风格，决定着人们去不同的商店购买，企业的选址也是如此，与公司的类型有较强的关联。

（2）企业选址，公司预算是核心。

诚然，到一个行业最集中的区域去开公司，的确能收获很多的资源，但是

"两贵"问题又来了——租金贵，物价贵。因此，企业在选址的时候，要根据成本预算，选择适合自己的位置。

（3）企业选址，交通问题勿小觑。

如上文所言，企业选址要充分考虑成本。现在大部分企业在经营过程中都尽可能减少预算，为此，甚至不惜把公司的地址选在一些较为偏僻的位置，以降低成本。诚然，偏僻位置固然租金便宜，但随之带来的交通问题也不可忽视，如因路途遥远或交通不便导致交通成本大幅上升，那也是得不偿失的。

（4）企业选址，战略眼光要长远。

做企业，选址不仅要考虑到公司类型、财政预算以及交通条件，更重要的还有战略眼光，即是对未来事态的把握能力。

3. 影响企业选址的主要因素

（1）影响企业选址的外部因素。

①自然因素。自然因素包括土地资源、气候条件、水资源和物产资源。

②社会因素。社会因素包括居民的生活习惯、文化教育水平、宗教信仰、生活水平和当地风俗等。地域不同、民族不同，生活习惯、文化教育水平、宗教信仰、生活水平等就相应存在差异。企业在选址时应充分考虑这些影响因素，防止因忽视某些因素而给企业的发展带来不利影响。

③经济因素。经济因素一般体现在资源等方面。经济水平越高，消费水平也越高，高端消费行业适合在这样的地区扎根；原材料和产品的运输、上下班交通是否便利，则决定企业在生产前后环节的顺利程度。

④政治因素。地域或国家政局是否稳定、政府是否有为、法制是否健全、治安是否良好、赋税是否公正是影响企业选址的重要政治因素。政治局面稳定是发展经济的前提，也是企业发展的前提。企业在决定投资之前，一定要充分了解当地的政治环境，了解当地有关的法律法规，包括环境保护和税收政策等方面的法规。

（2）影响企业选址的内部因素。

①企业性质。企业性质是构成企业选址差异的重要决策依据。制造业企业选址要考虑成本最小化，零售类和专业服务类企业看中收入最大化，仓储设施服务企业则关注成本及产品配送速度。

②企业战略目标。每个企业都有其发展的战略目标。不同的战略考虑，如是扩大生产还是开辟新市场，是在竞争中夺冠还是实施人才战略，都是影响企业选址的内部因素。

③项目和产品。创业项目及企业提供的产品或服务的差异决定了企业选址时也要区别对待。生产加工类项目需要大量原材料，选址时应尽量靠近原材料地；对于能耗型项目，要充分考虑能源的供应是否充足；知识型、技术型项目则应与科技中心地带、经济中心地带直接相连；手工类项目应在劳动力供应充足的地区建设。

【案例】

## 麦当劳的选址标准

1. 针对目标消费群

麦当劳的目标消费群是年轻人、儿童和家庭成员。所以在选址上，一是选择人潮涌动的地方，如商业街区、火车站等交通集散点；二是在年轻人和儿童经常光顾的地方，如儿童乐园附近，方便儿童就餐。

2. 着眼于今天和明天

麦当劳选址的一大原则是二十年不变。所以对每个店的开与否，都要经过三个月到六个月的考察，再做决策评估。重点考察是否与城市规划发展相符合，是否会出现市政动迁和周围人口动迁，是否会进入城市规划中的红线范围。进入红线范围的，坚决不碰；老化的商圈，坚决不设点。有发展前途的商街和商圈，新辟的学院区、住宅区是选址考虑的地区。纯住宅区则往往不设点，因为纯住宅区的居民消费的时间有限。

3. 讲究醒目

麦当劳的选址一般都在一楼的店堂，透过落地玻璃橱窗，让路人感知麦当劳的餐饮文化氛围，体现其经营宗旨——方便、安全、物有所值。由于店铺醒目，便于顾客寻找，也能吸引人。

4. 不急于求成

黄金地段、黄金路口，业主往往要价很高。当要价超过心理价位时，麦当劳不急于求成，而是先发展其他地方。通过别的网点的成功，让"高价"路段的业主感到麦当劳的进驻有助于提高自己房屋的价值，于是再谈价格，重新选址。

5. 优势互补

麦当劳"店中店"选择的"东家"，不少是信誉较高的知名百货商店，其能为麦当劳带来客源，麦当劳又能吸引年轻人逛商店，起到优势互补的作用。

## 二、创业项目的管理

管理是科学性与艺术性的统一，既反映了管理活动自身的特点和客观规律，又能体现管理者对管理原理运用的灵活性和对管理方式、方法选择的技巧性。创业者们为了提高创业项目的质量，采取了很多不同做法，下面介绍六种最基本的创业项目管理方法。

### (一) 产品管理

创业项目中的产品管理实际上就是产品的创新、目标市场的定位、目标市场的细分、目标市场选择战略和产品的定价几方面的管理。

1. 产品的创新

现代企业所销售的产品涵盖了服务、产品、个性等多方面的内容。根据菲利普·科特勒提出的"整体产品"的观点，整体产品分为五个层次：核心产品、形式产品、期望产品、附加产品、潜在产品（见图 9-1），每个层次都增加了更多的顾客价值及创新性。

核心产品为客户带来基本效用和利益。例如，客户购买香水的目的不是得到某种实体物品，而是希望通过使用香水提升自身的气质和魅力。

形式产品是核心产品借以实现的形式或目标市场对需求的特定满足方式，包括品质、式样、特征、商标和包装。

期望产品是客户在购买产品时期望得到的与产品密切相关的一整套属性和条件。例如，入住酒店的客户期望得到清洁的床铺、沐浴香波、牙刷牙膏、网络等

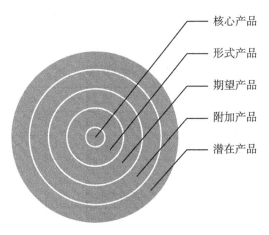

核心产品

形式产品

期望产品

附加产品

潜在产品

图 9-1　"整体产品"的五个层次

服务。

附加产品是客户购买形式产品和期望产品时，附带获得的各种利益的总和，包括说明书、质量保证、安装、维修、送货、技术培训等。

潜在产品是现有产品包括所有附件产品在内的，可能发展成为未来最终产品的潜在状态的产品。例如，手机可以发展为照相机、播放器等，这意味着产品的升级换代。

创业者需要从"整体产品"的高度来看待企业生产的产品和提供的服务，以清晰地掌握自己的产品满足客户需求的程度，并为产品创新提供方向指导。

2. 目标市场的定位

产品的目标市场定位是指根据竞争者现有产品在市场上所处的位置，针对目标客户对该种产品的某种特征、属性和核心利益的重视程度，强力地塑造出此产品与众不同的、给人印象深刻的、鲜明的个性或形象，并通过一套特定的市场营销组合把这种形象迅速、准确而又生动地传递给目标客户，影响目标客户对该产品的总体感觉。

3. 目标市场的细分

市场细分是指企业按照某种标准将市场上的顾客划分成若干个顾客群，每一个顾客群构成一个子市场，不同子市场之间的需求存在着明显的差别。市场细分是选择目标市场的基础工作。一般情况下，细分的标准包括地理变量、人口统计变量、心理变量及行为变量等。市场细分变量如表9-3所示：

表9-3　　　　　　　　　　　　　市场主要细分变量

| 细分标准 | 典型划分 | | |
|---|---|---|---|
| 地理 | 区域 | 城市或主城区大小 | 人口密度 |
| | 地形地貌 | 气候 | 交通条件 |
| | 农村 | 城市 | 其他 |
| 人口统计 | 年龄 | 家庭规模 | 家庭生命周期 |
| | 性别 | 收入 | 职业 |
| | 受教育程度 | 宗教 | 种族 |
| | 代系 | 国籍 | 社会阶层 |
| 心理 | 生活方式 | 个性 | 购买动机 |
| | 社会阶层 | 其他 | — |
| 行为 | 时机 | 利益 | 使用者情况 |
| | 使用频率 | 品牌忠诚情况 | 准备程度 |
| | 对产品的态度 | — | — |

4. 目标市场选择战略

（1）无差异性目标市场策略。

该策略是把整个市场作为一个大目标开展营销，强调消费者的共同需要，忽视其差异性。采用这一策略的企业，一般实力强大、生产规模大，有广泛而可靠的分销渠道，有统一的广告宣传方式和内容。

（2）差异性目标市场策略。

该策略通常是把整体市场划分为若干细分市场作为其目标市场。针对不同目标市场的特点，分别制订出不同的营销计划，按计划生产目标市场所需要的商品，满足不同消费者的需要。

（3）集中性目标市场策略。

该策略是选择一个或几个细分化的专门市场作为营销目标，集中企业的优势力量，对某细分市场采取攻势营销战略，以取得市场上的优势地位。一般来说，实力有限的中小企业多采用集中性目标市场策略。

（4）市场定位策略。

各个企业经营的产品、面对的客户、所处的竞争环境都不尽相同，因而市场定位的策略也不同。下面重点介绍四种市场定位策略：

一是根据产品特点定位。构成产品内在特色的许多因素都可以作为市场定位所依据的标准，如所含成分、材料、质量、价格等。某汽水的定位是"非可乐"，强调它是不含咖啡因的饮料，与可乐类饮料不同。某止痛药的定位是"非阿司匹林的止痛药"，显示药物成分与以往的止痛药有本质的差异。

二是根据特定的使用场合及用途定位。为老产品找到一种新用途，是为该产品创造新的市场定位的好方法。有一家生产曲奇饼干的厂家最初将其产品定位为家庭休闲食品，后来发现不少消费者购买饼干是为了馈赠，又将之定位为礼品。

三是根据顾客得到的利益定位。产品提供给顾客的利益是顾客首先能体验到的，也可以将其用作定位的依据。某啤酒公司推出了一种低热量的啤酒，将其定位为喝了不会发胖的啤酒，迎合了那些经常饮用啤酒而又担心发胖的消费者的需求。

四是根据使用者类型定位。企业常常试图将其产品指向某一类特定的消费者，以便根据这些消费者的看法塑造恰当的形象。某啤酒公司曾将其某一款产品定位于"啤酒中的香槟"，吸引了许多不常饮用啤酒的高收入女性。

5. 产品的定价

产品的价格是直接与企业收入挂钩的关键因素，也是市场竞争的有力武器。创业者由于缺乏市场经验和专业知识，对于产品的价格往往凭感觉而定，认知片面。新产品的定价主要考虑四个因素：①消费者的价值认知，也就是消费者的意愿支付价格。这是产品定价的上限。②产品的成本。新产品的价格应在成本之上，这是定价的底线。③竞争对手的价格。新产品的价格一般要以竞争对手的价格为参照，在其价格区间选择定价。④未来的调整空间。对新产品的定价要充分考虑其对企业品牌及其他产品的影响，并基于产品的生命周期综合定价。

常用的定价方法有：①成本加成定价法。即在成本的基础上加目标利润率，这是最简单的定价方法。成本加成定价法因其简单、直接、易操作，为小企业所常用。

②认知价值定价法。即按照客户愿意支付的最高价格来定价，该定价方法适合于一些创新程度高的独特产品。

③随行就市定价法。即跟随竞争对手的价格进行定价。

④密封投标定价法。即采用发包人招标、承包人投标的方式来选择承包者，确定最终承包价格。一些大宗商品、原材料、成套设备和建筑工程项目的买卖和承包等多采用该定价法。

### （二）营销管理

营销管理是指企业为实现经营目标，对建立、发展、完善与目标顾客的交换关系的营销方案进行的分析、设计、实施与控制。营销管理是企业规划和实施营销理念，制定市场营销组合，为满足目标顾客需求和企业利益而创造交换机会的动态、系统的管理过程。营销管理是企业经营管理的重要组成部分。

1. 产品生命周期

产品生命周期是指产品的市场寿命，是产品从进入市场开始，直到最终退出市场为止所经历的市场生命循环过程。典型的产品生命周期可分为四个阶段，即导入期、成长期、成熟期和衰退期，如图9-2所示：

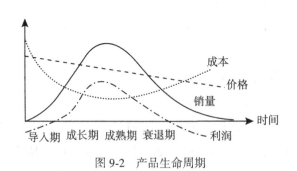

图 9-2 产品生命周期

（1）导入期。

新产品投入市场，便进入导入期。此时，客户对产品还不了解，只有少数追求新奇的客户可能购买，产品的销量低。为了扩大销路，需要使用大量的促销费用对产品进行宣传。此时，由于技术方面的原因，产品不能大量生产，因此成本高，销售额增长缓慢，企业不但得不到利润，反而可能亏损，产品也有待进一步完善。在该阶段，企业应将产品、分销、价格、促销四要素进行组合，针对产品的特性制定不同的市场营销策略。

（2）成长期。

新产品经过市场导入期以后，消费者对该产品已经熟悉，消费习惯也已形成，销售量迅速增长，这种新产品就进入了成长期。进入成长期以后，老顾客重复购买，并且带来了新的顾客，销售量激增，企业利润迅速增长，在这一阶段利润达到高峰。随着销售量的增大，企业生产规模也逐步扩大，产品成本逐步降低，新的竞争者会投入竞争。在该阶段，企业为维持其市场增长率，延长获取最大利润的时间，可以采取改善产品品质、寻找新的细分市场、改变广告宣传重点、降价等策略。

（3）成熟期。

进入成熟期以后，产品的销售量增长缓慢，逐步达到最高峰，然后缓慢下降；产品的销售利润也从成长期的最高点开始下降；市场竞争非常激烈，各种品牌、各种款式的同类产品不断出现。在该阶段，宜采取积极主动的调整性策略，如市场调整、产品调整、市场营销组合调整，使产品的成熟期延长，或使产品生命周期出现再循环。

（4）衰退期。

在衰退期，产品的销售量急剧下降，企业从这种产品中获得的利润很低甚至为零，大量的竞争者退出市场，消费者的消费习惯已发生改变等。面对处于衰退期的产品，企业需要进行认真的研究分析，决定采取什么策略，在什么时间退出市场。通常可选择继续策略、集中策略、收缩策略、放弃策略。

2. 创业初期企业营销策略

创业初期，要想在现代激烈的市场竞争环境中生存下来，首要的任务是如何进入市场，这也是企业营销管理的重要策略。下面，介绍一些成功企业的方法：

（1）点、线、面三点进入法。

这一策略是德国大众汽车公司有名的市场开拓策略。假设某企业选定某一目标市场，并确定其为最后攻占的目标区域，具体进入方法是：首先，实行点的占据；其次，在第一个点的营销活动取得相当成功后，再在目标区域附近另选第二个点；再次，两点一线形成后，选第三个点，此点应能与第一个点、第二个点形成对目标区域的包围圈，这样营销面积便形成。在面积形成后，还要设立第四个点，此点应放在目标区域的中央，这是一个非常重要的点。

（2）寻找机会进入市场法。

美国菲利普·科特勒等人合著的《新的竞争》一书，对日本在国际营销中的成功经验作了详细研究，从而提出寻找机会进入市场的五种具体方法。

①寻找现成的机会。在选择好要打进去的目标市场时，要先找那些"被人遗忘"的细分市场，在这些市场站稳脚跟后，再进一步扩大市场。

②创造新机会。通过自己的研制和创新，以创新姿态出现在目标市场上，给消费者新奇的感受，刺激新的心理需求。

③实行创造性的改进。有时将某些产品加以部分改进后推向市场，就能够提高市场占有率。

④适应和改变消费者的爱好。进入市场不仅要知道整个市场的消费者需要什么，爱好什么，还可以引领消费者的爱好，通过广告宣传来改变消费者的爱好，或使其树立新的消费观念。

⑤了解竞争对手和向竞争对手学习。日本一家公司就把竞争对手生产的自动洗碗机搬进自己的实验室，对这台机器的性能、零件的数量、成本结构等一一加以评估，并对每一个零件进行测定，确定其设计上的优点，了解竞争对手的技术能力、生产设备和销售系统。在了解和掌握竞争对手具体情况的基础上，设计出性能更好的产品，能为进入市场创造良好的条件。

（3）一点集中进入法。

在多个目标市场中，先选取其中一个，将所有销售能力都集中在这一个上，以便短时间内提高营销业绩。这一策略有利于提高企业内部的信心和企业影响力。

（4）市场领袖进入法。

这是一种利用市场领袖的影响力而进入市场的方法，即通过寻求专业人员、学者、权威机构的协助，听从他们的意见并利用他们在消费者中的影响力进行产品宣传，对于创新型产品的营销很有效。

（5）广告宣传进入法。

在进入市场的早期阶段，通过广告宣传争取第一批客户非常重要。广告宣传既能够宣传产品，又可以树立企业形象，给人良好的第一印象，有利于促进产品的销售。

## （三）财务管理

财务管理水平的高低直接影响企业管理水平的高低，进而影响企业经济效益的好坏，优化财务管理、挖掘财务管理各项功能，对促进初创企业的经济效益具有重要意义。

财务管理的内容极为丰富，从不同角度看，其包含的内容既都不同。从组织企业财务活动的角度看，财务管理的内容包括资金筹集、资金投放与分配等内容；从处理财务关系的角度看，财务管理的内容既包括企业与债权人、债务人、投资人、受资人、政府之间的财务关系，也包括企业内部各单位间的财务关系以及企业与员工之间的财务关系等。

## （四）人力资源管理

人力资源管理是指运用现代化科学方法，对与一定物力相结合的人力进行合理的培训、组织和调配，使人力、物力保持最佳比例，同时对人的思想、心理和行为进行恰当的指导、控制和协调，充分发挥人的主观能动性，使人尽其才、事得其人、人事相宜，以实现组织目标。

一般来说，学术界将人力资源管理分为六大模块，如图9-3所示：

## （五）发展战略管理

发展战略管理是公司在完成具体目标时对不确定因素做出的一系列判断，是一个企业或组织在一定时期内对全局的、长远的发展方向、目标、任务和政策以及资源调配做出的决策和管理。其主要包括战略制定和形成以及战略实施两大部分，对高级管理层的相关能力及素养有较高的要求。

企业发展战略管理实质上就是围绕企业的三个核心问题——"企业在哪里？""企业去哪里？""我们何时竞争？"进行细化的设计过程。

图 9-3　人力资源管理六大模块

### （六）企业文化管理

企业文化是企业这一经济组织的经营意识及组织文化内涵，企业文化管理本质上就是企业个性的管理。优秀的企业文化，在精神上能够带动员工树立与企业一致的目标，使员工在个人奋斗的过程中保持与企业相同的步调，营造积极的工作氛围、共享的价值观念和管理机制，产生鼓励积极创造的工作环境。

对于初创企业，企业文化管理应直接从管理核心切入，由管理团队引领，紧扣核心价值驱动要素，从组织和个人全面致力改善组织状态。企业因企业文化管理而获得管理者素质的提升、核心员工保有率的提高、品牌价值提升、竞争优势保持等高价值回报。

# 第三节　创业融资

## 一、创业融资概述

融资，从狭义上讲是一个企业的资金筹集的行为与过程，是企业根据自身的生产经营状况、资金拥有状况，以及企业未来经营发展的需要，通过科学的预测和决策，采用一定的方式，从一定的渠道向企业的投资者和债权人去筹集资金，组织资金的供应，以保证企业正常的生产需要和经营管理活动需要的理财行为。企业筹集资金应该遵循一定的原则，通过一定的渠道和一定的方式去进行。

从广义上讲，融资就是货币资金的融通，是当事人通过各种方式到金融市场上筹措或贷放资金的行为。从现代经济发展的状况看，作为企业需要比以往任何时候都更加深刻、全面地了解金融知识、了解金融机构、了解金融市场，因为企业的发展离不开金融的支持，企业必须与之打交道。

创业融资，是指创业者从自身生产经营及资金运作情况出发，根据未来经营发展的需要，通过一定的渠道和方式筹集资金，以满足创业需要的一种经济行为。

初创企业由于经营的不确定性及信息不对称等原因，可能导致创业融资困难。从创业活动本身来看，初创企业面临非常大的不确定性，缺少成熟企业所具备的应付环境不确定性的经验且尚未发展出以组织形式显现出来的组织竞争力，因此融资困难。从信息的角度看，与创业者相比，投资者处于信息劣势地位。投资前的信息不对称可能导致投资者逆向选择，而道德风险则将导致投资后的信息不对称。

## 二、创业企业融资渠道

从筹集资金的来源看，创业者可以从两种渠道获得创业融资：一是内部融资渠道，二是外部融资渠道。

### （一）内部融资渠道

企业内部融资渠道是指企业从内部开辟的资金来源。从企业内部开辟资金有三个来源：企业自有资金、企业应付税利和利息、企业未使用或未分配的专项基金。一般在企业并购中，企业都尽可能选择这一渠道，因为这种方式保密性好，企业不必向外支付借款成本，风险很小，但资金来源数额与企业利润相关。

初创企业的内部融资主要来源于创业者自筹，包括向亲朋好友借款等方式。这种融资方式比较简单，风险也较低，但如果无法按照约定时间还本付息则可能会影响创业者与亲朋好友间的感情。

## （二）外部融资渠道

企业外部融资渠道是指企业从外部开辟的资金来源，主要包括专业银行信贷资金、非银行金融机构资金、其他企业资金、民间资金和外资。从企业外部融资具有速度快、弹性大、资金量大的优点，因此，它在企业并购过程中一般是筹集资金的主要来源。但其缺点是保密性差，企业需要负担高额成本，因此产生较高的风险，在使用过程中应当注意。

## 三、创业企业融资方式

创业企业的融资方式有两类，债权融资和股权融资。

### （一）债权融资与股权融资概述

债权融资是指企业通过举债的方式进行融资，通过债权融资所获得的资金，企业需要支付利息，并在借款到期后向债权人偿还本金。

股权融资则指企业出让部分企业所有权，通过企业增资的方式引进新股东的融资方式。通过股权融资所获得的资金，企业无须还本付息，但新股东将与老股东同样分享企业的盈利与增长。

债权融资与股权融资的优缺点比较如表9-4所示：

表9-4 　　　　　　　　　债权融资与股权融资的优缺点比较

| 融资类型 | 债 权 融 资 | 股 权 融 资 |
|---|---|---|
| 优点 | 1. 创业者对企业的控制权和所有权得到维护。<br>2. 融资过程简单、快捷。 | 1. 可筹集到较多资金。<br>2. 不需要承担还款压力。<br>3. 能获得企业管理和决策方面的指导和建议。<br>4. 能够吸引优秀人才合伙创办企业。 |

续表

| 融资类型 | 债 权 融 资 | 股 权 融 资 |
|---|---|---|
| 缺点 | 1. 需负担利息成本。<br>2. 需承担未来利润可能不足以偿还借款的风险。 | 1. 需出让部分利润。<br>2. 需出让部分控制权和所有权，股权被稀释。<br>3. 融资过程繁琐、复杂。 |

## （二）股权融资方式

股权融资方式主要包括风险投资、天使投资、股权众筹、私募股权融资、新三板融资、IPO上市融资等。其中对于初创企业而言，风险投资、天使投资、股权众筹和私募股权融资较为常见。

### 1. 风险投资

风险投资，简称风投，又称为创业投资，主要是指向初创企业提供资金支持并取得该公司股份的一种融资方式。风险投资是私人股权投资的一种形式。风险投资公司是专业的投资公司，由一群具有科技及财务相关知识与经验的人所组合而成，通过直接投资获取投资公司的股权，提供资金给需要资金者（被投资公司）。风险投资公司的资金大多用于投资新创事业或是未上市企业，并不以经营被投资公司为目的，仅提供资金及专业上的知识与经验，以协助被投资公司获取更大的利润为目的，所以风险投资是一项追求长期利润的高风险高报酬事业。

风险投资之所以被称为风险投资，是因为其中有很多的不确定性，给投资及其回报带来很大的风险。一般来说，风险投资都是投资于拥有高新技术的初创企业，这些企业的创始人都具有很出色的技术专长，但是在公司管理上缺乏经验。而风险投资家既是投资者又是经营者。风险投资家一般都有很强的技术背景，同时他们也拥有专业的经营管理知识，这样的知识背景能够帮助他们很好地理解高科技企业的商业模式，并且能够帮助创业者改善企业的经营和管理。

风险投资一般采取风险投资基金的方式运作。风险投资基金在法律结构上是采取有限合伙的形式，而风险投资公司则作为普通合伙人管理该基金的投资运作，并获得相应报酬。在美国采取有限合伙制的风险投资基金，可以获得税收上的优惠，政府也通过这种方式鼓励风险投资的发展。

美国的红杉资本可能是最成功的风险投资公司之一。红杉资本已经在中国成立了红杉中国基金。日本的软银投资公司，在世界上也被认为是成功的风险投资企业，该公司曾通过投资美国的雅虎网站而获利颇丰。

2. 天使投资

天使投资是权益资本投资的一种形式，指具有一定净财富的人士，对具有巨大发展潜力的高风险初创企业进行早期的直接投资，它属于自发而又分散的民间投资方式。这些进行投资的人士被称为"投资天使"，用于投资的资本称为"天使资本"。

天使投资主要包括天使投资人、天使投资机构、天使投资基金、孵化器形式的天使投资和投资平台形式的天使投资五种模式。

（1）模式1：天使投资人。

天使投资人多指富裕的、拥有一定的资本金、投资于创业企业的专业投资家。我国的天使投资人主要有两大类：一类是以成功企业家、成功创业者、风险投资人等为主的个人天使投资人，他们了解企业的难处，并能给予创业企业帮助，往往积极为公司提供一些增值服务，如战略规划、人才引进、公关、人脉资源、后续融资等，在带来资金的同时也带来关系网络，是早期创业和创新的重要支柱；另一类是专业人士，如律师、会计师、大型企业的高管以及一些行业专家，他们虽然没有太多创业经验和投资经验，但拥有闲置可投资金以及相关行业资源。

（2）模式2：天使投资机构。

对于个体天使投资人来说，很多人除投资人的身份外还有自己的本职工作，他们会遇到以下几个问题：项目来源渠道少，项目数量有限；个人资金实力有限，难以分散投资；时间有限，难以承担尽职调查等繁琐的工作；投资经验和知识缺乏，投资失败率高。

于是，一些天使投资人组织起来，组成创业天使俱乐部、天使联盟或天使投资协会，每家有几十位天使投资人，汇集项目来源，会员之间可以定期交流和评估，分享行业经验和投资经验。对于合适的项目，有兴趣的会员可以按照各自的时间和经验，分配调查工作，并可以多人联合投资，以提高投资额度和承担风险。

（3）模式3：天使投资基金。

以个人为投资主体的天使投资模式，无论是对初创企业的帮助还是自身的投资能力，都有很大的局限性，但天使投资人各具优势，如专业知识、人际关系等，大家联合起来以团队或者基金的形式投资，能够优势互补，发挥更大的作用。于是，随着天使投资的更进一步发展，产生了天使基金和平台基金等形式的机构化天使。

天使投资基金的出现使得天使投资从根本上改变了它原有的分散、零星、个体、非正规的性质，是天使投资趋于正规化的关键一步。投资基金形式的天使投资能够让更多没有时间和经验选择公司或管理投资的被动投资者参与天使投资，这种形式将会是天使投资发展的趋势。

随着我国天使投资的发展，投资基金形式的天使投资在我国逐渐出现并变得活跃。一些投资活跃、资金量充足的天使投资人，设立了天使投资基金，进行更为专业化的运作。

（4）模式4：孵化器形式的天使投资。

在我国，孵化器的主要功能是以科技型创业企业为服务对象，通过开展创业培训、辅导、咨询，提供研发、试制、经营的场地和共享设施，以及政策、法律、财务、投资融资、企业管理、人力资源、市场推广和加速成长等方面的服务，以降低创业风险和创业成本，提高企业的成活率和成长性，培养成功的科技企业和创业家。

创业孵化器多设立在各地的科技园区，为初创的科技企业提供最基本的启动资金、便利的配套措施、廉价的办公场地、甚至人力资源服务等，同时在企业经营层面，给予被投资的公司各种帮助。

我国的孵化器在现阶段有一定的发展，但并不充分。孵化器与天使投资融合发展主要有两种模式：

一是政府主导的孵化器与天使投资融合发展模式。政府主导的孵化器是非营利性的社会公益组织，组织形式大多为政府科技管理部门或高新技术开发区管辖下的一个单位，孵化器的管理人员由政府派遣，运作经费由政府全额或部分资助。在这种模式下，孵化器以优惠价格吸引天使投资机构入场，充当天使投资与创业企业之间的媒介。

二是企业型孵化器与天使投资融合发展模式。企业型孵化器是以市场化方式运作的孵化器，以保值增值为经营目标，自负盈亏。这种类型的孵化器，多采用自己做天使投资的运作模式，使得孵化、投资、管理实现一体化，在减少投资成本的同时也减少了投资风险，其运作过程充分地利用了资源配置，提高了资本效率。

（5）模式5：投资平台形式的天使投资。

随着互联网和移动互联网的发展，越来越多的应用终端和平台开始对外部开放接口，使得很多创业团队和创业公司可以基于这些应用平台进行创业。例如，围绕苹果 App Store 的平台就产生了很多应用、游戏等，让许多创业团队趋之若鹜。

很多平台为了吸引更多的创业者在其平台上开发产品，提升其平台的价值，设立了平台型投资基金，对其平台上有潜力的创业公司进行投资。这些平台基金不但可以给予创业公司资金上的支持，而且可以给创业公司带去平台上丰富的资源。

3. 股权众筹

股权众筹是一种基于互联网渠道而进行融资的模式，指公司面向普通投资者出让一定比例的股份，投资者通过出资入股公司，获得未来收益。

（1）股权众筹的分类。

股权众筹从是否担保来看，可以分为两类：无担保股权众筹和有担保股权众筹。

无担保股权众筹是指投资人在进行众筹投资的过程中没有第三方公司提供相关权益问题的担保责任。目前，我国的股权众筹基本上是无担保股权众筹。

有担保股权众筹是指股权众筹项目在进行众筹的同时，提供一定期限的担保责任。目前，有担保股权众筹尚未被我国的多数平台接受。

（2）股权众筹的运营模式。

第一，凭证式众筹。凭证式众筹主要指在互联网上通过卖凭证和股权捆绑的形式进行募资，出资人付出资金取得相关凭证，该凭证直接与创业企业或项目的股权挂钩，但投资者不成为股东。

第二，会籍式众筹。会籍式众筹主要指在互联网上通过熟人介绍，出资人付出资金，直接成为被投资企业的股东。

第三，天使式众筹。与凭证式、会籍式众筹不同，天使式众筹更接近天使投资或风险投资模式。出资人通过互联网寻找投资企业或项目，付出资金直接或间接成为该公司的股东，同时出资人往往伴有明确的财务回报要求。

# 第四节　创业资源管理

创业不是"天马行空"，不是引"无源之水"、栽"无本之木"。创业需要资源，没有真正意义上的"白手起家"，创业者不可能完全靠一己之力轻轻松松做老板。每一个人创业，都必然有其凭借的条件，也就是其拥有的资源。但无论创业者是刚走出校园的学生，还是工作了几十年的企业高管，凡是进行创业性的商业活动，永远都处于资源不足的状态。成功的创业者大多是资源整合的高手，能进行有效的资源获取和创造性的资源整合就是他们成功的关键因素之一。

## 一、创业资源概述

1. 创业资源的内涵

从广义上看，创业资源可界定为能够支持创业者进行创业活动的一切东西。它既包括看得见的物质资源，如厂房、设备、资金等，也包括看不见的无形资源，如创业战略、创业方案、知识、技术、团队等；既包括创业者实际拥有的资源，也包括创业者可间接获取的资源，如广泛的社会关系；既包括体现创业者个性特征的个体资源，也包括组织性、社会性的资源；既包括国内各种资源，也包括国外提供的资源。

从狭义上看，创业资源是促使创业者启动创业活动的关键优势资源。关键优势资源是建立企业盈利模式的业务系统所必需的和重要的资源与能力，如麦当劳的标准化资源与能力、海尔的创新资源与能力。

从资源的角度看，创业者是否具备业务系统所需的关键优势资源是其能否成功创业的核心问题。创业者对关键优势资源识别得越清晰，利用得越充分，在激烈的市场竞争中保持创业后的竞争优势也就越持久。

2. 创业资源的类型

创业资源分为有形资源和无形资源。其中，无形资源往往是撬动有形资源的重要杠杆。

（1）有形资源。

有形资源包括金融资源、实物资源和组织资源三大类。

金融资源是企业物质要素和非物质要素的货币体现。具体表现为已经发生的能用会计方式记录在账的，能以货币计量的各种经济资源，包括资金、债券和其他。

实物资源是企业从事生产经营活动所需要的一切生产资料，其构成状况可按实物资源在生产经营过程中的作用划分为劳动对象和劳动手段。

组织资源是为了实现绩效目标，按一定规则和程序设置的多层次岗位机器相应人员隶属关系的权责角色结构。包括企业的战略规划、员工开发、评价和报酬系统等。

（2）无形资源。

无形资源包括人力资源、科技资源、品牌资源、市场资源、政策资源、信息资源六大类。

人力资源是存在于企业组织系统内部的有经验的、掌握特殊技能的、被激励起来的员工和可供企业利用的外部人员的总和。人力资源是企业资源结构中最重要的关键性资源，是企业技术资源和信息资源的载体，是其他资源的操作者，决定着所有资源效力的发挥水平。

科技资源包括两个方面：①与解决实际问题有关的软件方面的知识；②为解决这些实际问题而使用的设备、工具等硬件方面的知识。科技资源的专有性主要表现为与企业相关的专门知识、商业秘密、专利和著作权等。

品牌资源可细分为产品品牌、服务品牌和企业品牌三大类。根据品牌能识别某个销售者或某群销售者的产品或服务，并使之与竞争对手的产品和服务区分开来。

市场资源包括营销网络与客户资源、行业经验资源、人脉关系。

政策资源包括政府采取的一系列系统的创业扶植政策。政府通过资金扶持、减免税费、财政补贴、社会保障等措施鼓励创业，为创业者提供信息与管理咨询及专业化服务，提供金融支持、项目支持等。

信息资源包括一切与企业经营相关的信息及其来源。

## 二、创业资源的获取

1. 合作获取资源

要获取创业资源，首先得找到可以提供资源的对象。创业者可以通过与资源提供者合作来获取资源。合作可以突破空间、组织和制度的限制，在更广阔的范围内开展创业。要成功获取创业资源，创业者必须要有创新思维，兼顾相关者的利益，通过多种方式合作达到共赢的境界。

2. 信息带来资源

创业者的信息技能包括信息需求识别及表述技能、信息检索及获取技能、信息评价及处理技能、信息整合及学习技能、信息利用及开发技能等。掌握并善用信息资源，对于创业者把握商机、获取创业资源、做出创业决策、推进创业企业成长都十分重要。

在知识经济时代，掌握并善用信息和网络技术不仅能使创业者摆脱繁琐的文件和纸上作业，可以轻而易举地对企业产品的库存、销售、业绩、市场占有率、竞争对手的情况、客户对企业产品的反馈等进行及时控制，而且可以充分利用员工的创造性劳动和技术专长，对信息和数据做出更加正确的判断，使其成为企业决策资源。

【案例】

### 电池大王——王传福

20 世纪 90 年代，王传福在国际电池行业动态上了解到日本宣布本土将不再生产镍镉电池的信息，他迅速地抓住机会创办比亚迪公司，先生产镍电池，后又生产锂电池，短短几年时间发展成为中国第一、全球第二的充电电池制造商。此后，他又进军汽车制造领域，并连续四年夺得全球新能源汽车销量冠军。

### 3. 杠杆撬动资源

无形资源往往是撬动有形资源的重要杠杆。杠杆可以是资金、时间、品牌、公共管理、能力等，运用方式包括借用、租赁、共享、契约以及资源外取等。

成功的创业者一般拥有丰富的社会资源和快速、准确的信息资源并善于利用其中的关键资源，特别是会利用无形资源的杠杆效应"撬动"资源。具体体现在以下几个方面：①能让别人更加延长地使用资源。②更充分地利用别人没有意识到的资源。③利用他人或别的企业的资源来完成自己的创业目的。④将一种资源补足另一种资源，产生更高的复合价值。⑤利用一种资源撬动和获得其他资源。

### 4. 沟通凝聚资源

沟通能力是创业者成功获取资源的关键因素。创业者每天将大部分时间用在沟通上，而企业有大部分问题是由于沟通障碍引起的。

创业企业的资源获取，在很大程度上就是通过企业与内外部的沟通来实现的。与外部的沟通，主要包括与投资者、政府部门、媒体、业界、客户、供应商等，通过沟通建立联系，获取信任，与对方达成共识，强化了创业者的社会网络，争取多方的支持和帮助，获得共赢的结果；在企业内部，通过有效沟通，凝聚了员工人心，聚合了自有资源，降低了企业内部冲突，提升了整个企业的效率和业绩。

## 三、创业资源管理

资源整合和管理能力是创业者开展创业活动的必修课，在现实生活中，优秀的创业者在创业过程中所展现出的卓越的创业技能之一就是创造性地整合和管理创业资源。

创业资源管理是指创业资源的开发与整合。有效的创业资源管理关乎创业企业的成长壮大，需要创业者各种知识能力的长时间积累，与创业者的素质、管理能力、企业研发能力等紧密相关。

创业资源管理可以从以下七个方面加以阐述：人脉资源、人才资源、信息资源、技术资源、资产资源、行业资源和政府资源。

### 1. 人脉资源的开发与整合

人脉资源是创业过程中的第一资源。良好、健康的人脉资源有助于创业者方便地找到投资、技术、产品、渠道等。

开发与整合人脉资源应当注意以下几个方面：①人脉资源的形成需要很多时间和精力，还需要长期积累的。②人脉资源需要经常性地进行维护，同时在维护中不断发展新的人脉关系。③个人的人脉资源是有限的，个人的发展也会受到人脉资源的限制，这在客观上要求创业者需不断认识更多的人，不断拓展人脉资源。④创业者需不断提升自身的人格、品质和素质，以自身的人格魅力来积聚更多人脉资源。

2. 人才资源的开发与整合

人才战略是新创企业的重点战略，企业应当求才、爱才、育才、重才，积极吸纳高科技人才，用高科技人才牵引高新技术产品研发，从而形成一支支撑企业发展的高素质优秀人才队伍。

开发与整合人才资源应当注意以下几个方面：①建立完善的激励机制，用制度激发员工潜能。②建立完善的培训制度，培才育才，让人才在企业中发挥最大潜能。③善待员工，这是留住人才的唯一法宝。④量才而用，挖掘并发挥人才的长处，因才设岗，使人才有价值的认可感。⑤分工明确，职责清晰。⑥善于通过外部力量快速找到所需人才。

3. 信息资源的开发与整合

企业在进行决策时，受到来自竞争对手、政府、行业、合作伙伴、客户等外部环境的影响，而对于创业者而言，他们所获取的信息是不对称的。创业者只有充分了解和分析企业内外部环境，才能做到有的放矢，抓住成功的机会。

企业应进行信息资源的规划，开发和整合内外部信息资源。信息资源的规划是指通过建立企业的信息资源管理标准，根据需求分析建立集成化的信息系统功能模型、数据模型和系统体系结构模型，然后再实施通信计算机网络工程、数据库工程和应用软件工程的一个系统化的企业信息化解决方案，使企业建立高水平的现代信息网络，实现信息化建设的跨越式发展。

4. 技术资源的开发与整合

创业初期，创业技术是最关键的资源，它是决定所需创业资本的多少、创业产品的市场竞争力和获利能力的根本因素。一些高科技企业之所以能走向成功，就是因为它们拥有独特的创业技术。

技术资源的主要来源是人才资源，重视技术资源的开发与整合同时也是注重人才资源的开发与整合。技术资源的开发与整合的目的是为了不断进行技术创新、自主研发并拥有自主知识产权、保持技术的领先、占领市场并壮大企业。

5. 资产资源的开发与整合

开发与整合资产资源不仅能够解决创业中的资金问题，更重要的是战略投资者能为企业带来其他资源，如政府背景、行业背景、市场影响力、行业支撑等。

在开发与整合资产资源时，创业企业首先要对已有资源有整体的了解，对投资者的基本情况如资质、业绩、能提供的增值服务等进行全面掌握，再根据企业的实际情况在众多投资者中选择合适的目标。

6. 行业资源的开发与整合

创业企业应对某个行业有充分的了解，同时掌握整个行业的各种网络信息，如业内竞争对手、供货商、经销商、客户、行业管理部门、研发机构、行业协会、行业媒体、行业展会等信息，这些对于创业的成功与否都很重要。

另外，同行之间或者产业上下游之间的创业企业应通过策略联盟或股权置换等方式整合资源，使人力资源、研发能力、市场渠道、客户资源等实现优势互补，对内相互支持，对外协同竞争。这种方式往往是有几家创业企业作为核心，同时带动一批创业企业，形成利益共同体。

7. 政府资源的开发与整合

充分开发与整合政府资源，享受政府扶持政策，对于创业企业来说可以达到事半功倍的效果。

开发与整合政府资源也即充分关注并利用政府的各项优惠政策，包括财政扶持政策、融资政策、税收政策、科技政策、产业政策、中介服务政策、创业扶持政策、对外经济技术合作与交流政策、政府采购政策等。

◎ 参考文献

[1] 李伟，张世辉. 创新创业教程 [M]. 北京：清华大学出版社，2015.
[2] 李华凤，斯日古楞，魏守长. 大学生创新创业教程 [M]. 北京：电子工业出版社，2018.

［3］陈晓敏，陈李彬，田敏．创新创业教育入门与实战［M］．北京：清华大学
　　出版社，2017．

［4］财才网．创新力　管理力［M］．上海：上海交通大学出版社，2017．

# 第十章　创业计划书

## 第一节　创业计划书及其作用

### 一、创业计划书

创业计划书是由创业者准备的一份书面计划，用以描述创办一个新的风险企业时所有相关的外部及内部要素，包括人员、资金、物质等各种资源的整合情况以及经营思想、战略确定等，是为创业项目制定的一份完整而具体的行动指南。

一份创业计划书能够有理有据地说明企业的发展目标、实现目标的时间及方式、所需资源等。它能将创业者的理想和希望进一步具体化，其中一般要考虑到公司未来3—5年的发展情况，并在公司运营中根据需要进行相应的调整。

### 二、创业计划书的作用

#### （一）指导作用

创业计划书是创业全过程的纲领性文件，是创业实践的战略设计和现实指导，因此创业计划书对于创业实践具有非常重要的指导作用。

## （二）聚才作用

创业计划书的聚才作用是很宽泛的。好的创业计划书可以吸引新的投资者加盟，吸引创业人才进入，吸引有志之士加入创业团队；还可以吸引对创业计划书感兴趣的单位的赞助和支持。

## （三）整合作用

在创业的过程中，各种生产要素是分散的，各种信息是凌乱的，各种工作是互不衔接的。通过编写创业计划书，梳理思路，进行调研，完善信息，找到各个程序之间的衔接点，最终能把各种资源有序整合、调动起来，进行最佳要素组合。这种整合能将各种分散的资源聚拢起来，形成一种增量资源，得到明显的经济效益。

## （四）筹集资金的作用

资金是企业的血液，是创业的要素，是创业企业能够获得快速发展的前提。

一份好的创业计划书可以让投资者对创业项目有一个基本的了解，对创业项目的市场风险和盈利状况有一个基本的评估，它是投资者做出投资决定的重要依据。因此，创业企业要想获得投资者的支持，一定要做好创业计划书。

# 第二节 创业计划书的内容

## 一、创业计划框架

一份创业计划书应该包含公司介绍、产品分析、市场分析、市场竞争分析、营销策略、财务预算、发展规划及风险评估等要素。一份清晰的创业计划书，有利于创业者对企业的远景做出规划。创业计划书是企业成员共同致力完成的，在这一过程还可以发现潜藏的问题，这对于创业团队或创业者来说十分重要。一般来说，创业计划书应当遵循传统的结构，但要在传统的基础上富有创造性。对于投资人来说，他们想要在最短的时间内看到关键信息，所以创业者在规划创业计划书的过程中需要全方位地考虑。

## 二、创业计划书的主要内容

### （一）执行摘要

执行摘要的作用是激起潜在投资者的兴趣，本部分内容将使投资者决定是否有必要通读创业计划书的全文，因此执行摘要是创业计划书的重要部分，应该得到充分的重视。

执行摘要一般要简洁地介绍创业计划书的要点：企业的基本情况、主要产品和业务情况，市场概貌，销售计划及营销策略，人员及组织架构，资金需求，风险评估等。对企业有利的方面要多列举，例如陈述行业的发展趋势和潜在成长力，然后表明如何利用这些机会；陈述创业企业将会实施的营销战略与市场上其他经营者的营销战略的区别；除此之外，创业者的重要经历、现有的其他重要合同或法律文书以及任何有助于将创业企业推销给潜在投资者的信息都应在执行摘要中有所提及。

### （二）企业简介

创业企业的描述是对新企业的情况进行的基本描述，能够帮助投资者确定企业的规模和经营所涉及的范围。该部分主要包括以下内容：

1. 企业理念

让投资者相信该创业企业能够为客户带来利益，满足客户的要求。

2. 企业的基本情况

包括企业名称、成立时间、注册地点、经营场所、企业的法律形式、注册资本、主要股东、股份比例等，重点介绍企业未来发展的详尽规划，企业近期以及未来3—5年的发展方向、发展战略和要实现的目标。

3. 创业者本身的情况

说明创业者的商业背景是什么，具有怎样的管理经验等。如果创业者刚刚进入社会创业，则要介绍其成长背景、求学经历，突出其性格、兴趣、爱好与特长，表明创业者具有强烈的进取精神和生活追求。

### （三）产品（服务）介绍

在产品（服务）介绍部分，要对产品（服务）作出详细的说明，用词应准确、通俗易懂，使非专业人员的投资者也能理解产品。一般来说，产品介绍要附上产品原型、照片进行简要介绍。

产品介绍应包括以下内容：①产品的概念、性能及特性。②主要产品介绍。③产品的市场竞争力。④产品的研究和开发过程。⑤产品的品牌和专利。⑥产品的市场前景预测。⑦发布新产品的计划和成本分析。

### （四）市场分析

当企业要开发一种新产品或向新的市场扩展时，首先就要进行市场分析。消费者是市场的重要组成部分，确定目标市场就是确定企业的消费群体，该目标市场是整个市场的一个或多个细分市场。所谓细分市场也叫市场分割，是指根据消费者的爱好、购买力等特征的不同，将消费者分割为两个以上的顾客群。对市场的分析与预测应建立在严密、科学的市场调查基础上。

市场分析主要包括以下内容：

1. 市场现状综述

市场现状综述主要包括产品将要进入的市场的总体情况、产品的市场生命周期阶段、产品的需求情况、新的市场规模等。

2. 目标市场情况

目标市场情况主要包括本企业产品的主要目标市场、目标顾客以及特点等。通过分析目标市场，对本企业的产品进行定位。

3. 竞争对手情况

竞争对手情况主要包括市场中主要的竞争者、存在有利于本企业产品的市场空当、竞争对手的优势和劣势、本企业进入市场会引起的竞争者的反应、该反应对本企业的影响以及本企业的竞争优势等。

【案例】

## 手机维修店的开设

高职应用电子专业的学生金峰对应用电子很感兴趣，一直怀有运用专业技术进行创业的志向。他在电子企业打过工，也喜欢摆弄一些小电器。进入大学后，他发现高教园区的手机、小电器修理很不方便，而搞手机维修挺适合自己，于是他开始有意进行了初步调查。

然而，金峰虽然是应用电子专业的学生，但他维修手机的技术还是不足。于是，他和另一位同学合作，首先学习了《手机的组成和工作原理》《手机主要元器件的识别、检测与维修》《电脑 DIY》等知识，又利用暑期去电子市场拜师学习手机和电脑维修技术。经过观察、调研，他对手机等物品的维修市场作了以下分析，如表 10-1 所示：

表 10-1 　　　　　　　　　手机修理市场调查表

| 序号 | 市 场 分 析 | 主 要 内 容 |
|---|---|---|
| 1 | 手机、MP3、电脑等 | 手机维修焊接技术要求较高，电脑维修技术要求较低，高校学生手机普及率为80% |
| 2 | 行业结构分析 | 高教园区手机维修市场竞争强度一般，投入成本较低 |
| 3 | 竞争对手分析 | 对手熟悉经营，善于抓住消费者心理 |
| 4 | 消费者分析 | 大学生消费群体喜欢追求时尚，但经济不宽裕 |
| 5 | 市场定位分析 | 产品定位：手机等；对象：大学生；生产定位：维修服务 |

2005 年 1 月，金峰和其他三位同学合作，投入 1.9 万元的手机维修店在学校创业园开业了，店面只有 16 个平方米，墙面进行了简单的粉刷，做了两节柜台，修手机、小灵通，还附带着卖配件、充电器、电池等，生意不错。

（五）生产计划

如果新建企业属于制造业，就必须制订一份生产计划，详细描述产品的制造过程。

创业计划书中的生产计划应包括以下内容：①工作流程图以及生产工艺流程图。②企业生产制造所需的厂房和设备。③设备的引进和安装情况。④生产线的设计与产品组装。⑤新产品在进入规模生产时的稳定性和可靠性。⑥生产周期标准的制定以及生产作业计划的编制、物料需求计划及其保证措施。⑦质量管理措施及方法。

质量管理认证是国际上通用的一种质量监督管理制度。这种制度在大多数国家都以国家标准机构为代表，其以第三方的公正立场，按照规定的技术标准，对企业的生产技术、管理水平、产品质量进行全面的审查和检验。符合规定条件的，授予企业产品或服务相应的质量认证证书，允许产品或服务使用认证标准。现在国际上普遍采纳的是 ISO9000 系列标准。

（六）营销策略

营销是企业经营中最富挑战性的环节。

1. 营销策略的内容

（1）营销队伍和管理。

（2）营销渠道的选择。

（3）促销计划和广告策略。

（4）价格策略。

2. 市场营销的经典 4P 原则

4P 理论产生于 20 世纪 60 年代的美国，它是随着营销组合理论的提出而出现的。市场营销组合是营销管理中可调整的一套工具，市场需求或多或少的在某种程度上受到所谓"营销变量"的影响，为了寻求一定的市场反应，企业要对这些要素进行有效的组合，全面满足市场需求，以获得最大的利润。杰罗姆·麦卡锡（McCarthy）于 1906 年在其《基础营销》（*Basic Marketing*）一书中将这些要素概括为四类：产品（Product），渠道（Place），定价（Price），促销

（Promotion），即著名的 4P 原则。

## （七）管理人员及组织结构

在企业的经营活动中，存在着生产管理、技术管理、市场管理、财务管理、人力资源管理等方面，而人力资源管理是其中很重要的一个部分。社会发展到今天，人才已经成为最宝贵的资源。管理队伍的能力直接决定了企业经营风险的大小。在创业计划书中，必须对主要管理人员及他们所具有的能力加以介绍，特别是团队成员的管理分工和互补情况、他们在本企业中的职务和责任、他们过去的详细经历及背景。

此外，还应对企业的组织结构作简要介绍，包括企业的组织结构图、各部门的功能与责任等。

## （八）财务规划

企业是以营利为目的的经营组织，企业必须营利才能继续在市场上生存。然而企业能否营利，除产品、市场、营销策略因素外，合适的财务规划也是非常重要的。财务规划需要专业人士花费较多的精力来做具体分析，要做好投资估算、现金流量分析、资产负债分析，并预测企业在一段时间后的收益。财务规划主要涉及现金流量表、资产负债表以及损益表的制备。

财务规划一般包括以下内容：

1. 投资估算

准确全面地估算创业项目的投资费用，是创业计划可行性研究的重要内容，对投资决策具有重大影响，建设项目总投资是指保障投资项目建设和生产经营活动正常进行所必需的资金，简称为"投资总额"。

2. 资金的来源和使用

投资总额确定后，需要明确这些资金通过什么渠道筹集，如创业者自己投资、从银行贷款、吸引风险投资等。资金筹集到后，具体怎么分配怎么使用也是一个重要的问题。

3. 预计的资产负债表

资产负债表反映的是在某一时刻的企业资产状况，投资者可以根据资产负债表中的数据指标来衡量企业的经营状况以及可能的投资回报率，如表 10-2 所示：

表 10-2                         **资产负债表**                 单位：万元

| 序号 | 项　目 | 建设期 | 投产期 | 达产期 |
|---|---|---|---|---|
| 1 | 资产 | | | |
| 1.1 | 流动资产总额 | | | |
| 1.2 | 在建工程 | | | |
| 1.3 | 固定资产净值 | | | |
| 1.4 | 无形递延资产净值 | | | |
| 2 | 负债及所有者权益 | | | |
| 2.1 | 流动负债总额 | | | |
| 2.2 | 长期借款 | | | |
| | 负债小计 | | | |
| 2.3 | 所有者权益 | | | |
| 2.3.1 | 资本金 | | | |
| 2.3.2 | 资本公积金 | | | |
| 2.3.3 | 累计盈余公积金 | | | |
| 2.3.4 | 累计未分配利润 | | | |
| 资产负债率（%） | | 流动比率（%） | | 速动比率（%） |

## 4. 预计的损益表

损益表反映的是企业的盈利状况，它是企业在运作一段时间后的经营结果，显示到底是盈利还是亏损，如表 10-3 所示：

表 10-3                         **损益表**                       单位：万元

| 序号 | 项　目 | 建设期 | 投产期 | 达产期 |
|---|---|---|---|---|
| | 生产负荷（%） | | | |
| 1 | 销售收入 | | | |
| 2 | 销售税金及附加 | | | |
| 3 | 总成本费用 | | | |

续表

| 序号 | 项目 | 建设期 | 投产期 | 达产期 |
|---|---|---|---|---|
| 4 | 利润总额 | | | |
| 5 | 所得税 | | | |
| 6 | 税后利润 | | | |
| 7 | 特种基金 | | | |
| 8 | 可供分配利润 | | | |
| 8.1 | 盈余公积金 | | | |
| 8.2 | 未付利润 | | | |
| 8.3 | 未分配利润 | | | |
| | 累计未分配利润 | | | |

5. 现金流量表

流动资金是企业的生命线，因此企业在初创时，对流动资金要有周详的计划，并实行严格的过程控制。现金流量表如表10-4所示：

表 11-4 　　　　　　　　　　　　**现金流量表** 　　　　　　　　　单位：万元

| 序号 | 项目 | 建设期 | 投产期 | 达产期 |
|---|---|---|---|---|
| | 生产负荷（%） | | | |
| 1 | 现金流入 | | | |
| 1.1 | 产品销售收入 | | | |
| 1.2 | 回收固定资产余值 | | | |
| 1.3 | 回收流动资金 | | | |
| 2 | 现金流出 | | | |
| 2.1 | 固定资产投资 | | | |
| 2.2 | 流动资金 | | | |
| 2.3 | 经营成本 | | | |
| 2.4 | 销售税金及附加 | | | |
| 2.5 | 所得税 | | | |
| 2.6 | 特种基金 | | | |
| 3 | 净现金流量 | | | |

投资回收期：　　　　　　年

### （九）风险评估

风险评估是指确定潜在的危险或选择的策略实现业务计划目标的可能性。在某一特定行业和竞争环境下，创业企业面临着各种各样的潜在风险，如经济因素、文化因素、技术因素和法律因素等，这些对创业者来说都具有不可控性。通过某些途径对这些因素进行认识和分析，对创业者发现市场机会、拟定与环境相适应的营销战略、规避风险有重要意义，所以创业者应该对风险进行评估，并表明将采取什么样的策略来规避、减弱或对抗风险。

对创业企业来说，主要风险及应对包括以下几个方面：①法律风险及应对。②技术风险及应对。③竞争风险及应对。④人才风险及应对。⑤融资风险及应对。

# 第三节　创业计划书的撰写

## 一、创业计划书的撰写原则

### （一）简洁明了

一份完整的创业计划书应包含其必备的基本内容，描述要简洁、清晰、明确、不要过于冗长。

### （二）恰当组织和包装

目录、执行摘要、附录、例证、图表等要件齐全，以及正确的语法、各部分的合理安排、整体整洁都是一份创业计划书有效表达的关键要素。

### （三）观点客观

创业计划书里的内容和观点都要实事求是，销售潜力、收入估计、企业增长潜力都不能夸大，最好的、最差的、最有可能的情况都要规划到，这就要求在撰写创业计划书之前要进行大量的调查和科学分析。

### （四）通俗易懂

创业计划书中应该尽量避免专业性很强的技术术语，过多的专业术语会影响读者的兴趣，让他们觉得太深奥、难以理解，即使不得已要使用专业术语时，也应该在附录中加以解释和说明。

### （五）突出优势

创业者强烈的创业企图、创业者非凡的经营能力、目标一致的管理团队、独一无二的技术优势、对市场的清晰认识等，都是企业自身的优势，在创业计划书中应加以强调。

### （六）市场导向

利润来自市场的需求，没有对市场进行深入的调查和分析，所撰写的内容将会是空泛的。在创业计划书中应该以市场导向为出发点，提出尽可能多的客观数据来加以佐证，并充分显示对市场现状的掌握情况和对未来发展趋势的预测能力。

## 二、撰写创业计划书应该注意的问题

### （一）应多人协作

创业计划书的内容比较多，最好由创业者与几位同事共同起草。参加起草的人员可以按照分工承担不同部分的撰写工作，并共同进行必要的研究，写出初稿。在起草的过程中应该注意信息的沟通，保证内容的一贯性和连续性，还要避免遗漏重要的内容。

### （二）应捕捉投资者的兴趣

写一份创业计划书就像在做一次演讲，一位好的演讲者应该讲听众想听的、感兴趣的内容，这样才会吸引听众的注意力。创业计划书的切入点不同，可能不会对创业者的行为产生影响，但却往往会直接影响投资者的心理。

技术型的创业者往往缺乏营销经验，更没有如何建立、维持企业竞争优势的经验。如何建立、维持竞争优势，采取何种营销策略，这些都是投资人非常关注的。

创业计划书不应该千篇一律，应力争做到个性化并应尽可能针对投资者的需求，而不能用灌输、说服的方式。通过创业计划书，创业者应该把创业信心和对未来的把握传递给投资人。

## 三、创业计划书示例

### 浮光寻影咖啡休闲吧创业计划书

一、执行摘要

浮光寻影咖啡休闲吧是一个提议中的集休闲、娱乐、学习为一体的综合娱乐场所。它完全由学生自主管理，主要的经营项目有咖啡、甜品、各类烘焙小吃等。在产品方面，以咖啡为主，辅以特色甜点。店面分为两层，第一层为厨房、餐饮区和阅览室，第二层为怀旧电影放映室。顾客在品味我们特色产品的同时，还可以通过观赏怀旧电影来感受生活情趣。休闲的环境，各具特色的饮品、小吃，怀旧复古风格的主题空间，将是顾客们青睐的细节。

我们的咖啡休闲吧的选址在某某广场 C 区的一、二楼，总共约 100 平方米，该地区交通较发达，商铺、住宅密集，并且有众多学校，人流量较多也为顾客数量提供了保障。我们通过对市场营销的分析，制定了广告宣传、市场营销策略、渠道网络建设、营销团队建设四个营销手段。在财务分析方面，我们预算投资 487500 元，分别用于人工费用、原材料费用、流动资金、装修费、水电费、广告费、运输费、保险费、设备费、设备维护费、店铺租金、空调费、消防设施费、杂费等方面。当然在经营和投资过程中也避免不了存在一定的风险，因此，我们就政策风险、市场竞争风险、产品与技术风险、财务风险、管理风险等方面制定了应对措施。

二、企业简介

浮光寻影咖啡休闲吧以主题休闲吧的形式，让顾客通过对怀旧经典影片的观赏以及对本店产品的品味，放松身心，找到生活的乐趣。我们的宗旨是让顾客在经典中品味生活。产品主要有咖啡、甜品、各类烘焙小吃、饮品等。

我们的咖啡休闲吧是由 7 位具有独特创新思想、卓越个人能力的优秀大学生联合创立的，在服务、环境、产品方面都严格策划，争取得到每一位顾客的信赖。

我们选择的企业形式为有限责任公司。

三、产品和服务

（一）产品和服务定位

1. 产品方面

我们的产品以咖啡为主，辅以特色甜点。

咖啡是主打产品，我们提供原产地不同的各种咖啡，包括古巴咖啡、巴西咖啡、夏威夷咖啡、肯尼亚咖啡、爪哇咖啡等；提供精致的花式咖啡，包括拿铁咖啡、白咖啡、黑咖啡、玛琪雅朵咖啡、冰咖啡、绿茶咖啡等。咖啡的特色体现在我们将从国外引进先进的 3D 打印咖啡拉花技术，将电影元素融入咖啡拉花，比如，把电影《罗马假日》中奥黛丽·赫本骑自行车的经典场景作为拉花的图案。

特色甜点包括各类翻糖蛋糕、马其面包、曲奇饼干、马卡龙、布丁等。甜点的特色是我们会将电影元素从两个方面融入甜点：第一，名字，我们会以电影的名字来给甜点命名；第二，我们会把甜点做成与它的名字相符的形态和口味，例如，一份名叫"泰坦尼克"的甜点，它是由巧克力蛋糕塑造成泰坦尼克号的船身，杰克和露丝两个糖人站在船头，伸开双臂，摆出经典造型。

2. 服务方面

我们的店面分为两层，第一层为厨房、餐饮区和阅览区，顾客可以在这一层点餐并坐下来品尝咖啡和甜点；阅览区里有与电影有关的杂志和小说书籍以及中外怀旧电影影碟，可以供顾客浏览阅读。第二层为怀旧电影放映室，每天会播放不同的经典老电影供顾客免费观看，我们会提供免费 WiFi 让观影者可以及时发表观影感受。放映室的桌椅是可移动的，可以供电影发烧友开电影交流会。另外，店里的墙上将会挂一些由电影剧照做成的框画，在四周摆放一些经典电影里面出现过的物件，塑造一个十分切合怀旧电影主题的店面装修风格，可供摄影师预约作为拍摄场地，只要摄影师提前预约，就可以在每天开店前或关店后等闲暇时段租用。

（二）产品和服务优势

因现有休闲产业并未有统一的标准和管理体制，休闲吧的概念也并不清晰，市场同类型产品就存在较为激烈的竞争，包括提供相似产品和服务的酒吧、咖啡厅、棋牌室、奶茶饮品店等。为了定位我们的产品和服务，我们走访了三家具有代表性的竞争对手的门店，包括星巴克淘金店、广州书福吧和花样年华影视 Cafe，其中星巴克是专注于咖啡工艺和西点品质的一类咖啡店代表，广州书福吧是走主题吧路线的一类休闲吧代表，而花样年华影视 Cafe 则是与我们的电影主题咖啡休闲吧定位相同的直接竞争对手。与竞争对手相比，我们有以下三个方面的优势：

1. 产品特色优势

与三家竞争对手中咖啡品质最好的星巴克相比，我们的咖啡种类更齐全，可迎合绝大多数顾客的口味。在咖啡制作工艺上，我们选择从中国最先进的、为多家五星级酒店提供咖啡豆的咖啡豆烘焙工厂——北京咖啡梦工厂进行物资采购，同时我们的咖啡亦会现磨现煮现卖，因此，我们的咖啡的品质可媲美星巴克且咖啡拉花更富特色。三家竞争对手在甜点方面的产品雷同，而我们的甜点创意性地融入了电影元素，这是三家竞争对手都不具备的特色。即便是冲着卖相，也能吸引许多电影爱好者的光顾。

2. 店面环境的优势

走访了竞争对手的门店，我们发现，星巴克和广州书福吧主打休闲和简约的装修风格，缺少温馨的格调；而我们的店面设计与花样年华影视 Cafe 的装修风格都是怀旧复古风，花样年华影视 Cafe 店面设计的缺点在于虽有怀旧情调但物件摆放杂乱无章，空间利用不合理。为突出店面设计的优势，我们的装修会更有系统性和整体性，精确地计算桌椅摆放的科学位置，让顾客站着、坐着、靠着都舒适；精心设计每一个角落，巧妙运用不同的灯光来烘托宜人气氛，让映入眼帘的每一幕都是一幅富有质感的油画，以赏心悦目的美来留住顾客。

### 3. 服务多样性的优势

星巴克除了餐饮外没有提供别的服务项目；广州书福吧主打书籍借阅服务，服务项目单一；花样年华影视 Cafe 可提供召开电影爱好者座谈会的场地，也可放映电影，但设施不尽完善，设计略显简陋，亦无提供摄影场地这一服务项目。我们的店里有小型放映室，与餐饮区隔开，观看电影及开座谈会时可避免噪声干扰。另外，店里的每一面墙、每一个角落都是一个唯美的布景，可提供给自由摄影师作为拍摄场地。我们的服务多样性优势明显。

### 四、市场分析

#### （一）现状规模

近十年来咖啡馆如雨后春笋般地在我国各大城市涌现，尤其是在星巴克、上岛等大型企业进入后，市场上呈现出一片热闹景象。随着经济的发展，人们的生活质量越来越高，生活节奏越来越快，对环境优雅的咖啡馆的需求不断增加。咖啡馆成为人们进行商务、休闲活动乃至情感交流的好地方，现如今已成为时尚和潮流的代名词。咖啡也已成为许多人生活中不可或缺的饮料。目前在中国的咖啡市场中，90%为速溶咖啡，10%为焙炒咖啡。2012 年中国的咖啡馆消费市场规模大约为 800 亿元人民币，全世界 2012 年的咖啡馆消费市场规模不到 12 万亿元人民币，略低于 2011 年的消费规模。咖啡市场在中国的消费仍处于萌芽的阶段。

#### （二）发展趋势

中国的休闲咖啡消费市场开发潜力巨大，近十年来高速增长，而且每年的市场增长率为 15%以上，而发达国家每年的市场增长率为 2%~3%。有关专家预计，到 2020 年中国的咖啡馆消费市场规模预计可以达到 1 万亿元人民币；2030 年之前，中国的咖啡馆消费市场规模可能会到 2 万亿—3 万亿元人民币；成熟的中国咖啡消费市场规模，应该会到 3 万亿—4 万亿元人民币。咖啡休闲吧这种高雅、时尚的休闲场所越来越受到人们的青睐，咖啡休闲吧帝国正在慢慢形成。

#### （三）我们的目标客户群体

（1）电影发烧友。

（2）有个人品位和情调的上班族。

（3）为了商务需要交流的商务人士。

（4）咖啡爱好者以及茶品爱好者。

（5）休闲浪漫一族的年轻情侣及学生。

（四）竞争分析（SWOT 矩阵分析）

1. 优势分析（S）

（1）亲切的服务态度应该很容易受到顾客的欢迎。

（2）融入电影元素的咖啡和甜点是我们独有的特色产品。

（3）这是广州第一家把电影元素融入咖啡和甜点中的休闲吧，也是中国首家将 3D 打印技术用于咖啡拉花的咖啡吧。

（4）推出特色延伸产品和服务，如提供摄影场地、电影杂志、怀旧电影放映室等，深入为顾客考虑。

2. 劣势分析（W）

（1）休闲吧刚起步，装修、管理等成本高。

（2）人力资源、服务项目管理等与连锁咖啡厅、饮品店相比存在不足。

（3）商业竞争激烈，其他相似的休闲餐饮门店占有较大市场份额。

3. 机会分析（O）

（1）有针对大学生创业的相关国家补助政策。

（2）餐饮市场上关于电影主题的咖啡休闲吧在业态上存在空白。

4. 威胁分析（T）

（1）休闲吧的服务和产品质量与经营成本有着直接的关系，这决定了产品价格必然不能太低（甚至比竞争对手高）。

（2）不能阻止外来竞争者（休闲吧经营良好后有其他电影主题咖啡休闲吧跟风）分割市场份额。

（五）竞争战略

1. SO 战略

（1）对门店服务人员进行服务礼仪培训，提供最好的服务给顾客。

（2）投入一定资金进行轰炸式营销宣传，快速把电影主题咖啡休闲吧打造成休闲吧行业独一无二的明星品牌。

（3）划出一定的资金用作店面环境和放映设施、生产设备等的维护，保持环境优美。

2. WO 战略

（1）充分利用大学生创业的国家优惠政策，降低店铺租金、管理费用等成本。

（2）对店内职能部门的主管进行专项培训，提高各主管职能管理的能力，从而降低管理成本。

（3）运用差异化战略，注重产品研发的投入，发扬将电影元素融入咖啡和甜点中的特色，做出卖相极有吸引力的产品，在行业内保持产品特色领先于竞争对手的优势，从而抢占市场份额。

3. ST 战略

（1）坚持最佳价值聚焦战略。目前许多主题休闲吧的产品种类十分丰富，咖啡、冷饮、茶饮、甜品、点心甚至快餐都囊括进了菜单里，但多而不精，产品质量没有得到重视。而我们专注于咖啡和少数几类易于塑形的甜点，把产品质量做好，以质量留住顾客，从而与其他休闲吧的低成本低价格战略相抗衡。

（2）坚持领先战略。将电影元素融入咖啡和甜点并运用 3D 打印技术于咖啡拉花的制作上，要保持创新，达到一直领先的状态，从而降低外来竞争者分割市场份额的威胁。

六、市场营销分析

（一）广告宣传策略

在店面开张初期，组织人员在店址周围的小区和学校派发传单。针对高档小区的居民，在附近购物场所的停车场内，向有车一族派发精美广告单页和小礼品，单页也可制成优惠券形式。

（二）销售策略

1. 不定期举办学生派对和读书活动

与附近高校的学生组织合作，给他们提供赞助，让他们帮忙宣传或举行一些沙龙派对和读书活动，有利于吸引年轻人消费。

2. 举办征文活动

休闲吧运营一段时间后，举办一场关于咖啡与电影生活的征文比赛，在微信和微博平台上进行相关宣传，并对优胜者送出丰厚礼品。

3. 不定期举办电影放映会

主打怀旧的休闲吧自然会放映怀旧的电影，在休闲吧的微信上发布电影放映的日期等信息，吸引有情怀的人前来观看及交流。

4. 建立会员卡制度

休闲吧可以建立会员卡制度，会员能够享有相应的优惠，并在会员消费积分累计达一定程度时赠送纪念礼品，以吸引稳定消费者。

（三）渠道网络建设

在美团、大众点评、百度糯米等平台上发布团购相关信息，支持消费者在网上选择产品及服务后到店消费。

（四）营销团队建设

在开业初期，工作人员较少，不设专业营销团队，由总经理负责活动的开发、策划、管理和执行。

七、内部管理

（一）组织结构

本公司创设初期人员结构相对简单，业务范围也相对较小。因此，经创业团队内部战略会议决定，创设初期公司组织结构为直线职能制。公司设股东会、董事会和监事会。由董事会聘任1名公司股东任总经理，负责全员管理；设2名咖啡师，负责咖啡的烘焙；设1名烘焙师，负责各式糕点的制作；设3名服务生，其中1名负责收银，其余负责店面卫生和为顾客服务。

（二）公司管理制度

本公司的管理制度主要包括五大部分：一是行政管理制度，主要内容是员工的考勤管理、着装管理、薪酬管理、绩效管理以及门店的后勤、卫生管理等；二是财务管理制度，主要内容是公司各项收入支出状况的记录及管理；三是生产管理，主要内容是门店的设备管理、食品安全管理、现场管理以及每一类饮品和食品制作的流程规范等；四是业务管理，主要内容是原料的采购及运输、销售营销手段、市场调研和顾客服务等；五是研发管理，主要内容是新产品的研发以及技术研发等。

（三）内部激励制度

本公司的内部激励制度主要分为三个部分：一是物质奖励制度。若门店月度营业额超过营业目标，则奖励门店员工营业额 0.1% 的奖金。除了奖金奖励，门店每个月会给优秀的员工奖励电影券，使员工身心愉悦。二是精神奖励制度。门店每个月设"最美笑容奖"和"辛勤劳作奖"，鼓励店面员工再接再厉，再创佳绩。三是晋升奖励制度。对于优秀的员工，公司会给予其资金，让其到更加专业的地方接受培训，提升自我。

八、财务分析

（一）投资预算表（略）

（二）预测现金流量表（略）

（三）预测利润表（略）

（四）资产负债表（略）

九、风险分析及应对措施

（一）风险类型

1. 市场竞争风险

（1）同类型的咖啡休闲吧较多，像星巴克这类型的大牌子占据了较大的市场份额。

（2）进入者还在不断增加，竞争激烈。

（3）部分快餐店、奶茶店在一定程度上成为我们咖啡休闲吧的替代品，是我们的潜在竞争者。

2. 产品与技术风险

（1）由于我们是新开设的咖啡休闲吧，所以产品的设计、口味等是否符合顾客的要求，服务态度是否让顾客满意将直接影响到顾客对我们咖啡休闲吧的评价以及顾客的回头率。

（2）咖啡师、烘焙师的技艺水平不高会导致产品的吸引力下降。

（3）生产设备故障及餐具损坏会增加生产成本，降低经营效率。

3. 财务风险

（1）开设咖啡休闲吧前期的投入比较大，回报周期长。

（2）供应商的价格浮动会影响咖啡休闲吧的经营成本，导致财务风险。

4. 管理风险

由于我们是初次创业，在经营初期可能会出现管理结构不科学、管理人员素质水平较低的问题，从而导致经营效率不高。

（二）应对措施

（1）坚持我们咖啡休闲吧的主题文化理念，加大广告宣传力度，提高咖啡休闲吧的知名度，树立良好、有特色的企业形象。

（2）积极探索顾客需求，提前针对顾客的口味进行调查，全力提高产品和服务的质量。注重对咖啡师、烘焙师的招聘选拔以及培训。定期对设备进行维护和修理，保持设备良好的运行状态。

（3）强化资金管理，保持良好的财务状况，增强管理人员的财务风险意识，提升其财务管理水平。

（4）注重对管理人员的培训，优化管理结构。

（本案例为广东技术师范大学 13 企管班第一创业小组同学的作品，在此表示感谢）

## ◎ 参考文献

[1] 刘志阳. 创业管理 [M]. 上海：格致出版社，上海人民出版社，2012.

[2] 王中强，陈工孟. 创新思维与创业教育 [M]. 北京：清华大学出版社，2017.

[3] 钟晓红. 大学生创业教育 [M]. 北京：北京理工大学出版社，2010.

[4] 程欣，吕久燕. 大学生职业生涯规划与就业创业教育 [M]. 北京：北京邮电大学出版社，2017.

[5] 丁继安，翁士增，李晓英. 大学生创业实践 [M]. 杭州：浙江大学出版社，2011.

[6] 苏文平. 大学生职业生涯规划与就业创业指导 [M]. 北京：中国人民大学出版社，2018.

[7] 葛海燕，高桥. 大学生创业教育与指导 [M]. 北京：清华大学出版社，2013.